Inhaltsverzeichnis

Die Vorbereitung des naturwissenschaftlichen Unterrichts ist für den Lehrer häufig sehr zeitaufwendig. Wie viele Stunden verbringt er nicht mit der Suche nach geeigneten Materialien! Für den Didaktiker ist zwar das Realobjekt das zentrale Arbeitsmittel; der Praktiker weiß jedoch, daß gut strukturierte Medien im Lernprozeß unverzichtbar sind und die Begegnung mit dem Original ergänzen müssen.
Hier sollen die „Arbeitsblätter" eine Hilfe sein. Sie bieten dem Lehrer eine Fülle von Rohmaterial an, das er nach seinen Vorstellungen nutzen und im eigenen Unterricht verwenden kann. Bei der Durchsicht dieses Materials wird der interessierte Kollege schnell erkennen, daß die Arbeitsblätter

- klar strukturiert,
- abwechslungsreich aufbereitet,
- richtlinien-, schulform- und schulstufenunabhängig,
- nicht an ein bestimmtes Unterrichtswerk gebunden und vor allem
- methodisch vielseitig einsetzbar sind.

Der übersichtliche Aufbau der Arbeitsblätter erleichtert die Benutzung. Auf der rechten Seite befindet sich in der Regel die Kopiervorlage; ihr gegenüber ist eine mögliche Musterlösung angegeben, die manchmal durch weiterführende Hinweise oder zusätzliches Material ergänzt wird. Um die Arbeitsblätter optimal zu nutzen, und um sie methodisch variabel einsetzen zu können, sollte sich der Lehrer von diesen Kopiervorlagen bzw. von einzelnen Teilen auch Folien für den Overhead-Projektor anfertigen.
Im formalen Aufbau werden alle sinnvollen Möglichkeiten eines Arbeitsblattes genutzt: Aufträge mit Beobachtungsaufgaben, Darstellungen von Experimenten wechseln mit Präparieranleitungen und Bastelhinweisen ab. Oberstes Prinzip ist dabei, die Eigentätigkeit des Schülers anzuregen. Das Arbeitsblatt hat also kaum illustrierenden Charakter, es wird vielmehr verstanden als zentraler Bestandteil der Erarbeitung im Unterricht.
Inhaltlich wird alles wesentliche Material für die Erarbeitung der wechselwarmen Wirbeltiere bereitgestellt, wobei sich besonders in den Haupt-Kapiteln Fische, Lurche, Kriechtiere ein breitgefächertes Themenspektrum findet. Der Einsatz der Arbeitsblätter lohnt sich also bei jedem Unterrichtsschwerpunkt. Besonders berücksichtigt wurden:

- Artbeschreibungen,
- Körperbau, Fortbewegung,
- Bauplan, Stoffwechsel,
- Fortpflanzung und Entwicklung,
- Wanderverhalten bei Fischen,
- Fischzucht, Fischerei,
- Artenschutz bei Lurchen und Kriechtieren,
- Fossilien, Saurier, Evolution,
- Wirbeltiervergleiche, Systematik,
- Tierhaltung.

Die Auswahl orientiert sich an den Richtlinien der verschiedenen Bundesländer und zielt auf eine Behandlung der Themen in den Klassen 5 bis 7. Die Arbeitsblätter eignen sich durch ihren thematischen Aufbau, durch die klare graphische Darstellung und durch ihre sprachliche Gestaltung für den Einsatz im Anfangsunterricht. Durch die Vielfalt des Angebotes werden jedoch auch Inhalte der Mittel- und Oberstufe von Realschule bzw. Gymnasium aufgefangen (z. B. Evolution, Entwicklung oder Ökologie). Dies ermöglicht einen Einsatz der Arbeitsblätter in jeder Schulform und in jeder Altersstufe der Schüler. Der Lehrer kann dann die Musterlösungen entsprechend der Leistungsfähigkeit der jeweiligen Lerngruppe seinen eigenen Zielsetzungen anpassen.

Ein weiterer Vorteil des Materials ist darin zu sehen, daß es unabhängig von einem bestimmten Lehrwerk entwickelt wurde. Die Einzelthemen sind voneinander unabhängig und untereinander austauschbar. Deshalb kann die Auswahl und Anordnung der Kopiervorlagen beliebig variiert werden.

Der für den Lehrer wichtigste Aspekt dürfte darin liegen, daß er die Arbeitsblätter methodisch unterschiedlich einsetzen kann. Das Material ist von seiner Konzeption her so angelegt, daß es vielfältige Verwendungsmöglichkeiten zuläßt. Die methodische Freiheit des Lehrers ist damit gewährleistet. Um das zu erläutern, seien einige Stichwörter angeführt:

Der Einsatz kann erfolgen:

- unterrichtsvorbereitend,
- unterrichtsbegleitend oder
- nachbereitend.

Die Funktion des Materials kann liegen in:
- Vermittlung von Information,
- Bearbeitung einer bestimmten Problemfrage,
- Ergebnissicherung und Zusammenfassung,
- Festigung und Wiederholung,
- Übung und Anwendung,
- Lernerfolgskontrolle oder
- Anleitung zum naturwissenschaftlichen Arbeiten.

Es lassen sich neben den kognitiven Lernzielen auch pragmatische und fachmethodische Ziele erreichen; die Schüler üben das
- Betrachten und Beschreiben,
- Beobachten und Vergleichen,
- Vermuten und Hypothesen-Aufstellen,
- Untersuchen und Experimentieren.

Schließlich lassen sich die Arbeitsblätter in verschiedene Interaktions- bzw. Sozialformen im Unterricht einsetzen. Sie ermöglichen im Zusammenhang mit der entsprechenden Folie:
- Lehrer- und Schülervortrag,
- fragend-entwickelndes Verfahren,
- angeleitetes bzw. selbständiges Erarbeiten.

Das kann geschehen im
- Klassenunterricht (frontal) bzw. als
- Gruppenarbeit,
- Partnerarbeit oder
- Einzelarbeit.

Da durch die äußere Form der Arbeitsblätter in den meisten Fällen keine der genannten unterrichtsdidaktischen bzw. methodischen Einsatzmöglichkeiten vorweggenommen ist, kann der Lehrer das Material ganz entsprechend seinen Vorstellungen und in Abhängigkeit von den besonderen Bedingungen seiner Schule und seiner Klasse verwenden. Ein konkretes Beispiel dazu: Der Lehrer hat zur Bearbeitung der Problemfrage: „Wie sind die Kriechtiere auf die Fortpflanzung auf dem Trockenen angepaßt?" das Arbeitsblatt in Klassenstärke kopiert und eine Overhead-Folie davon gefertigt. In arbeitsteiligem Gruppenunterricht werden von fünf Schülergruppen die Aspekte
- Ort der Eiablage,
- Zahl und Aussehen der Eier,
- Entwicklungsdauer,
- Aussehen der Jungtiere,
- Ernährung der Jungtiere

erarbeitet. Die Abbildungen dienen der Informationsvermittlung. Die Beschreibung und Zusammenfassung erfolgt im Klassenunterricht; die Schüler tragen ihre Ergebnisse anhand der Folie vor und füllen die Textzeilen aus. Die richtige Lösung wird von allen Schülern zur Sicherung in ihr eigenes Arbeitsblatt übertragen. Der Abbildungsteil der Folie dient in dieser Stunde der weiteren Festigung. In der folgenden Stunde ermöglicht dieser Teil die Wiederholung bzw. Lernerfolgskontrolle.

Zu verschiedenen Blättern sind die Aufgaben im Heft zu lösen. Der Lehrer sollte sich nicht scheuen, ausführlichere Darstellungen zu verlangen. Fachsprache lernt sich nicht aus Stichwörtern oder zusammenhanglosen Einzelsätzen. Die Forderung in den Grundschulrichtlinien „Sachunterricht ist auch Sprachunterricht" muß in allen Schulformen ihre Entsprechung finden.

Die Arbeitsblätter sollen also andere geeignete Arbeitsmittel, z. B. einen Film oder entsprechende Dias, in der Motivations- bzw. Erarbeitungsphase nicht ersetzen. Sie können sie in günstiger Weise ergänzen. Falls aber, wie leider viel zu oft, Filme und Diareihen nicht oder nicht rechtzeitig zur Verfügung stehen, erlauben die Arbeitsblätter dennoch einen informativen, methodisch abwechslungsreichen und effektiven Unterricht.
Damit sind die Arbeitsblätter ein attraktives Angebot an den Lehrer; sie sind ein vielfältig nutzbarer „Steinbruch" zur Erleichterung und Optimierung des Unterrichts.

Hinweis: Gleichzeitig mit den „Arbeitsblättern" zu den wechselwarmen Wirbeltieren wurden die „Stundenblätter Fische — Lurche — Kriechtiere" für die Hand des Lehrers entwickelt. Dieser Band (Klett-Nr. 923253) stellt in einer 15stündigen Unterrichtsreihe Einsatzmöglichkeiten für verschiedene dieser „Arbeitsblätter" bzw. Alternativen dazu vor.

Die nebenstehende Abbildung ist als Einstieg in eine Unterrichtsreihe über die wechselwarmen Wirbeltiere gedacht. Wird sie auf eine Folie kopiert und mit dem Overhead-Projektor projiziert, kann sie für ein Unterrichtsgespräch genutzt werden. Die folgenden Fragen können dann gemeinsam mündlich erarbeitet werden.

1. An welchen Stellen in der Landschaft würdest du Fische, Lurche und Kriechtiere suchen? Wie sind diese Stellen beschaffen?

2. Mit Hilfe der unten stehenden Tabelle (ebenfalls auf Folie zu kopieren) kann das Problem der Körpertemperatur bei den Wechselwarmen weiter diskutiert werden. Mögliche Fragestellungen: Was fällt dir auf, wenn du die Meßwerte vergleichst? Kann man aus diesen Meßwerten erklären, wo sich Eidechsen bevorzugt aufhalten?

3. Ob an dieser Stelle schon die Frage angeschnitten wird, wie die Wechselwarmen überwintern, bleibt dem Lehrer überlassen.

Zu 1.: Eidechsen: sonnige Stellen, z. B. Wegränder, Böschungen, Feldraine
Frösche: feuchte Uferregion im Gras oder im Schilf, auf Seerosenblättern
Fische: im Wasser, vor allem am Grund oder zwischen den Pflanzen

Zu 2.: Die Körpertemperatur des Menschen ist unabhängig von der Temperatur der Umgebung immer gleich hoch. Die Körpertemperatur der Eidechsen entspricht immer in etwa der Temperatur der Umgebung. Die Eidechsen suchen sonnige Stellen auf, um warm zu werden (und damit ausreichend bewegungsfähig).

Die Tabelle zeigt Messungen der Körpertemperatur bei Mensch und Eidechse bei unterschiedlichen Außentemperaturen.

Außentemperatur	0 °C	10 °C	20 °C	30 °C	40 °C
Körpertemperatur des Menschen	37 °C	37 °C	37 °C	37 °C	37 °C
Körpertemperatur der Eidechse	2 °C	12 °C	23 °C	30 °C	40 °C

ISBN 3-12-030930-3

ISBN 3-12-030930-3

1. Vergleiche die Wirbeltiere untereinander. Stelle Gemeinsamkeiten und Unterschiede zusammen, indem du die Tabelle ausfüllst.

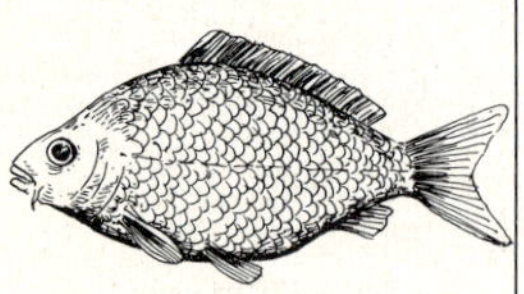				
Stamm: *Wirbeltiere*	gemeinsames Kennzeichen: *knöchernes Skelett mit Wirbelsäule*			
Klasse: *Fische*	*Lurche*	*Kriechtiere*	*Vögel*	*Säugetiere*
Körpertemperatur: *wechselwarm*	*wechselwarm*	*wechselwarm*	*gleichwarm*	*gleichwarm*
Körperbedeckung: *Knochenschuppen, Schleim*	*Schleimhaut*	*Hornschuppen*	*Federn*	*Haare*
Gliedmaßen: *Flossen*	*4 Beine*	*4 Beine*	*2 Beine, 2 Flügel*	*4 Beine*
Lebensraum: *Wasser*	*Land in Wassernähe*	*Land, auch trockene Gebiete*	*Luft Land Wasser*	*(Luft) Land (Wasser)*
Beispiele: *Karpfen Forelle Hering*	*Grasfrosch Erdkröte Teichmolch*	*Zauneidechse Blindschleiche Ringelnatter*	*Amsel Taube Stockente*	*Katze Rind Affe*

ISBN 3-12-030930-3

1. Vergleiche die Wirbeltiere untereinander. Stelle Gemeinsamkeiten und Unterschiede zusammen, indem du die Tabelle ausfüllst.

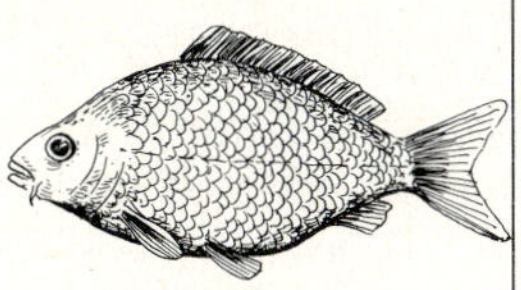				
Stamm:		gemeinsames Kennzeichen:		
Klasse:				
Körpertemperatur:				
Körperbedeckung:				
Gliedmaßen:				
Lebensraum:				
Beispiele:				

ISBN 3-12-030930-3

Zirkakosten für ein Kaltwasseraquarium mit Mindestausstattung:

Silikonverklebtes Vollglasbecken, 60 × 30 × 30 cm (andere Becken sind kaum noch im Handel)		35,– DM
Abdeckplatte		10,– DM
Schaber		4,– DM
Käscher		3,50 DM
Saugheber		6,– DM
Pflanzen	3 Stengel Wasserpest	2,50 DM
	2 Stengel Tausendblatt	5,– DM
	2 Pflanzen Vallisneria	5,– DM
Fische	2 Goldfische	5,– DM
	4 Stichlinge	8,– DM
	2 Elritzen	1,– DM
	Summe:	85,– DM

Für ein Warmwasserbecken erforderliches weiteres Gerät:

Belüftungspumpe mit Sauerstoffstein			23,– DM
Lampe	(mit Leuchtstoffröhre)		70,– DM
	einfache Lampen	ab 30,– DM	
	Ganzabdeckung	120,– DM	
Bodenfilter zur vorhandenen Belüftungspumpe			37,– DM
	Außenfilter	80,– DM	
regelbare Stabheizung			26,– DM
Thermometer			4,– DM
		Summe:	160,– DM

Bepflanzung kann gleich sein.
Gebräuchliche Warmwasserfische haben in etwa folgende Stückpreise:
Guppy 2,50 DM; Neon 1,– DM; Platy 2,50 DM; Schleierschwanz 4,50 DM.

Preiserhebung: 1986

ISBN 3-12-030930-3

Einrichtung

Becken: z. B. Metallrahmenbecken von genügender Größe, man rechnet pro Fisch 5 l

Boden: jeweils ein Finger hoch gewaschener Kies, dann gut gewaschener Sand (Waschwasser darf sich zuletzt nicht mehr trüben); Gefälle in einer der vorderen Ecken herstellen, dort sammeln sich die Abfälle und können leicht entfernt werden

Steine: und halb eingegrabene Blumentöpfe sorgen für Versteckmöglichkeiten

Pflanzen: z. B. Tausendblatt, Wasserpest, Vallisneria; mit den Wurzeln gut in den Boden eingraben (manche Fische wühlen sie sonst aus); vor allem Hintergrund und Seiten bepflanzen

Wasser: vor dem Einfüllen einen Tag stehen lassen, nach der Bepflanzung sofort über einen Teller einfüllen (damit kein Sand aufgewirbelt wird), mindestens eine Woche bis zum Einsetzen der Fische stehen lassen

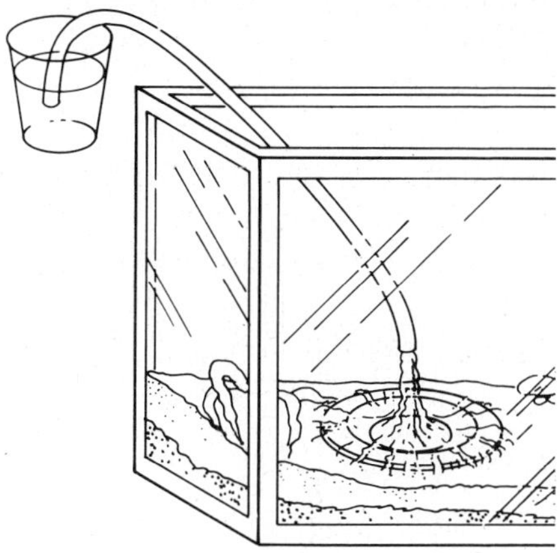

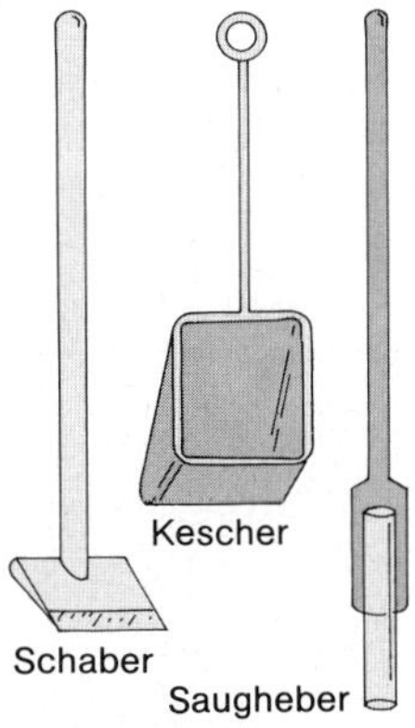

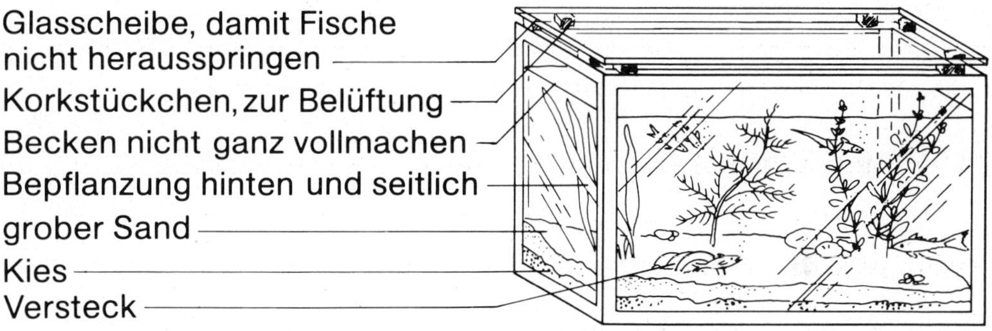

PFLEGE Am wenigsten Aufwand braucht ein Kaltwasseraquarium

Besatz: z. B. Goldfische, Stichlinge, Elritzen

Standort: hell, aber ohne direkte Sonne (Ostfenster); steht das Aquarium nicht in Fensternähe, brauchst du einen Beleuchtungsaufsatz; ein grüner Belag auf Steinen, Pflanzen und Glasscheiben (Grünalgen) zeigt zu viel Licht an, ein brauner Belag (Braunalgen) bedeutet zu wenig Licht

Futter: einmal täglich so viel Flockenfutter, wie in 15 Min. gefressen wird, ab und zu Lebendfutter (z. B. Wasserflöhe)

Reinigung: Scheiben mit dem Schaber algenfrei halten, Sinkstoffe (Futterreste, Fischkot) mit dem Saugheber entfernen

Wasser: alle zwei Wochen 1/4 des Wassers ablassen und durch frisches ersetzen

Für ein Warmwasseraquarium brauchst du mehr Geräte und Pflegeaufwand. Frage in der Zoohandlung.

ISBN 3-12-030930-3

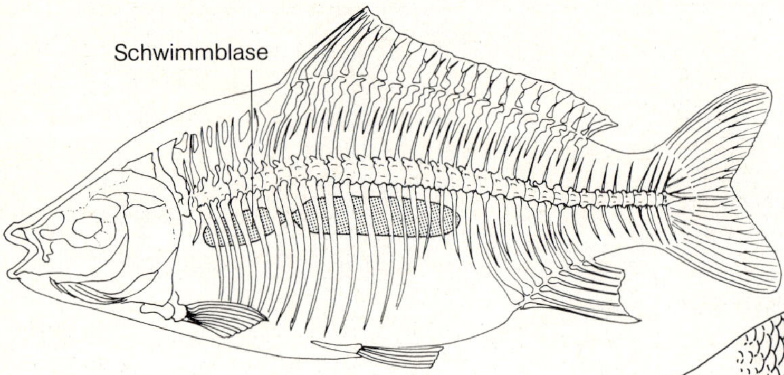

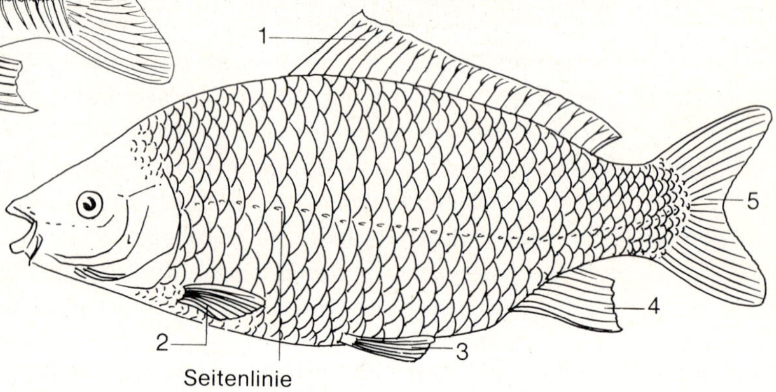

1. Welche Knochen des Fisches gibt es auch im Skelett des Menschen?

Schädelknochen, Unterkiefer, Wirbelsäule, Rippen

2. In der Abbildung tragen die Flossen Ziffern. Benenne die Flossen.

1 *Rückenflosse* 2 *Brustflosse*

3 *Bauchflosse* 4 *Afterflosse* 5 *Schwanzflosse*

3. Welche Flossen sind jeweils doppelt vorhanden (paarig)?

Brustflossen und Bauchflossen

4. Wie liegen die Schuppen übereinander? *wie Dachziegel*

5. Welche Aufgabe haben die Schuppen?

Schutz vor (äußeren) Verletzungen

6. Warum ist die Haut der Fische mit einer Schleimschicht überzogen?

sie glättet die Körperoberfläche und ermöglicht so eine größere Geschwindigkeit

 ISBN 3-12-030930-3

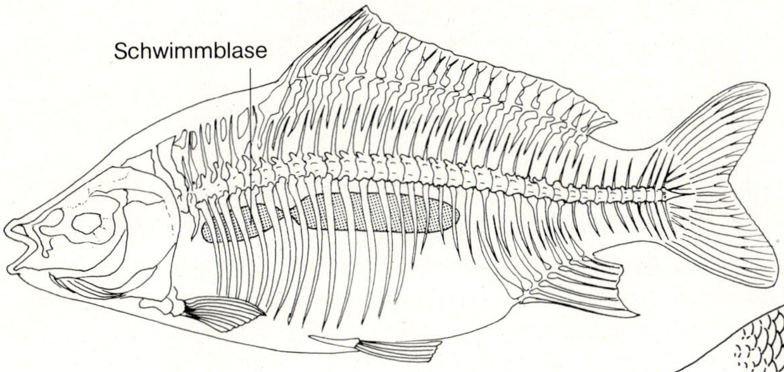

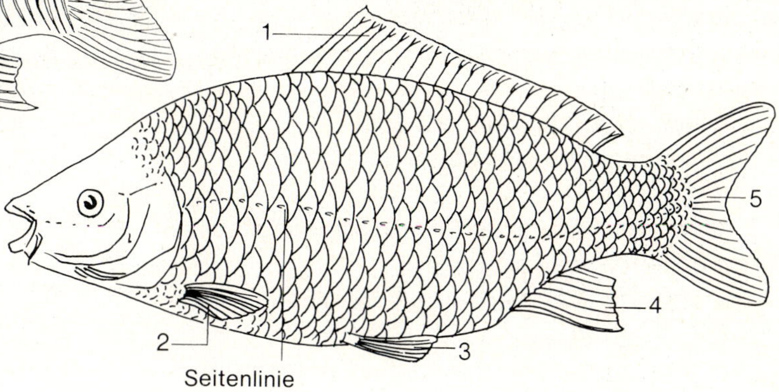

1. Welche Knochen des Fisches gibt es auch im Skelett des Menschen?

2. In der Abbildung tragen die Flossen Ziffern. Benenne die Flossen.

1 ______ 2 ______

3 ______ 4 ______ 5 ______

3. Welche Flossen sind jeweils doppelt vorhanden (paarig)?

4. Wie liegen die Schuppen übereinander? ______

5. Welche Aufgabe haben die Schuppen?

6. Warum ist die Haut der Fische mit einer Schleimschicht überzogen?

ISBN 3-12-030930-3

A Untersuchung von außen
(Finger, Sonde oder Bleistiftspitze, Lupe)

Suche bei dem Fisch (Forelle/Karpfen) folgende Teile und beschreibe sie in deinem Heft: Haut, Flossen, Augen, Nase, Zähne, Kiemendeckel, Seitenlinie, hintere Körperöffnung.

B Untersuchung der Kiemenhöhle
(Teller, spitze Schere, Pinzette, Sonde)

Trenne mit der Schere den linken Kiemendeckel ab. Welche Teile werden sichtbar?
Trage folgende Ziffern in die entsprechenden Kreise der Abbildung ein:
1 Mundrand, 2 Kiemendeckel, 3 Kiemenreuse, 4 Kiemenbogen, 5 Kiemenblättchen, 6 Rumpfmuskulatur, 7 Speiseröhre, 8 Kiemenraum.

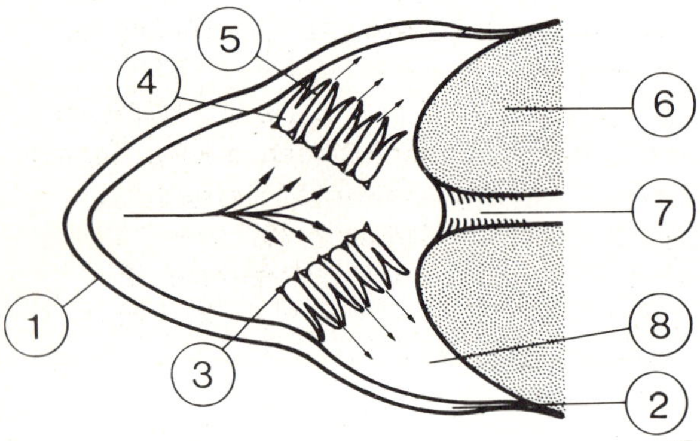

C Untersuchung der Bauchhöhle
(spitze Schere, Pinzette, Lupe)

Schneide wie in der folgenden Abbildung eingezeichnet ein Fenster seitlich aus der Bauchwand:

I. Längsschnitt vom After zum Rand der Kiemenhöhle (Schere möglichst flach führen, um keine inneren Organe zu treffen),
II. Bogenschnitt am hinteren Rand der Kiemenhöhle,
III. Bogenschnitt vom After aus nach oben,
IV. Körperseite aufklappen und abtrennen.

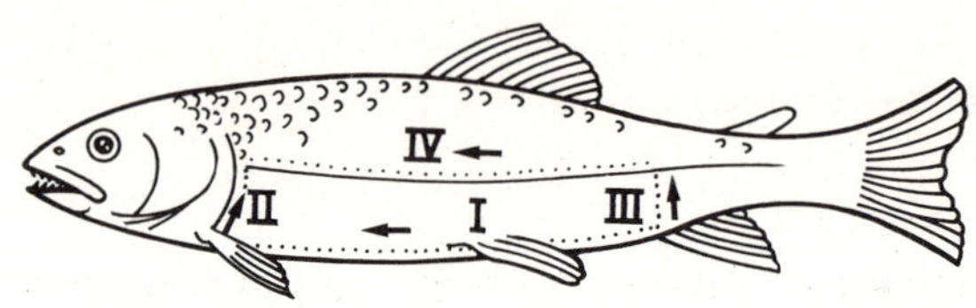

Versuche folgende Organe zu finden. Trage die Ziffern in die entsprechenden Kreise der unteren Abbildung ein und bemale dort die Organe der Bauchhöhle mit verschiedenen Farben:
linker Hoden (Eierstock) 1, linke Niere 2, Bauchspeicheldrüse 3, durchschnittene Rippen 4, linker Samenleiter (Eileiter) 5, Schwimmblase 6, Harnleiter 7, Magen 8, Mitteldarm 9, Enddarm 10, Leber 11, Trennwand zwischen Bauch- und Herzhöhle 12, Milz 13, Harnblase 14, Speiseröhre 15, Gallenblase 16, Magenschläuche 17.

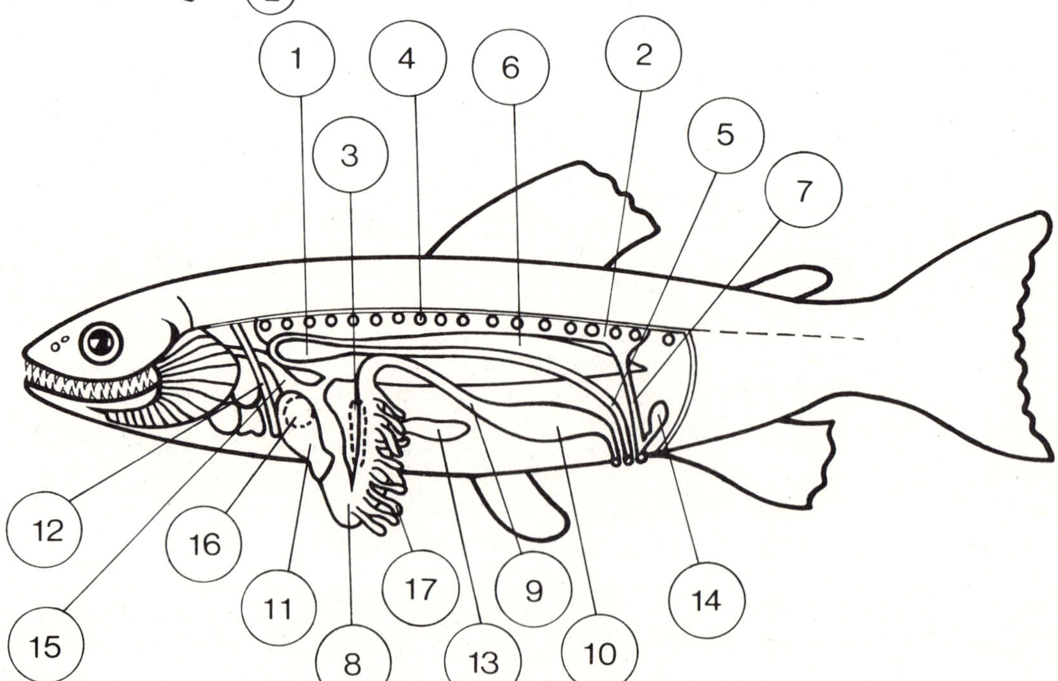

ISBN 3-12-030930-3

A Untersuchung von außen
(Finger, Sonde oder Bleistiftspitze, Lupe)

Suche bei dem Fisch (Forelle/Karpfen) folgende Teile und beschreibe sie in deinem Heft: Haut, Flossen, Augen, Nase, Zähne, Kiemendeckel, Seitenlinie, hintere Körperöffnung.

B Untersuchung der Kiemenhöhle
(Teller, spitze Schere, Pinzette, Sonde)

Trenne mit der Schere den linken Kiemendeckel ab. Welche Teile werden sichtbar?
Trage folgende Ziffern in die entsprechenden Kreise der Abbildung ein:
1 Mundrand, 2 Kiemendeckel, 3 Kiemenreuse, 4 Kiemenbogen, 5 Kiemenblättchen, 6 Rumpfmuskulatur, 7 Speiseröhre, 8 Kiemenraum.

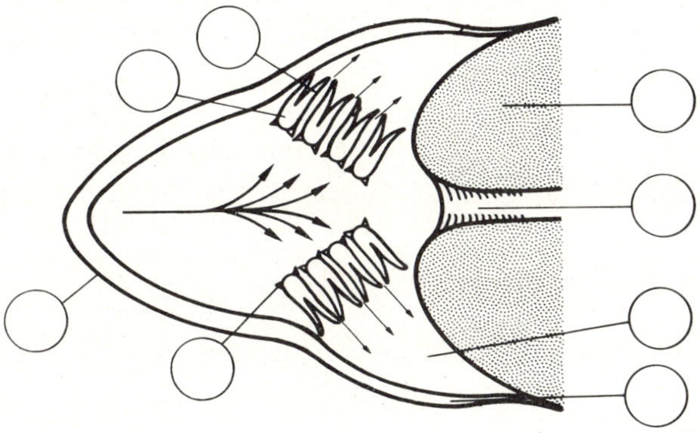

C Untersuchung der Bauchhöhle
(spitze Schere, Pinzette, Lupe)

Schneide wie in der folgenden Abbildung eingezeichnet ein Fenster seitlich aus der Bauchwand:

I. Längsschnitt vom After zum Rand der Kiemenhöhle (Schere möglichst flach führen, um keine inneren Organe zu treffen),
II. Bogenschnitt am hinteren Rand der Kiemenhöhle,
III. Bogenschnitt vom After aus nach oben,
IV. Körperseite aufklappen und abtrennen.

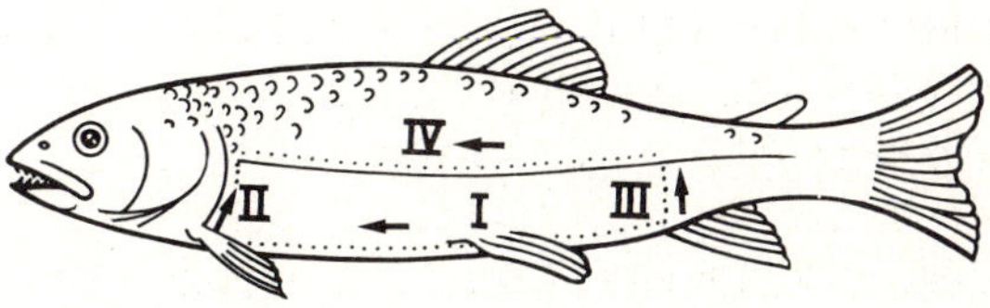

Versuche folgende Organe zu finden. Trage die Ziffern in die entsprechenden Kreise der unteren Abbildung ein und bemale dort die Organe der Bauchhöhle mit verschiedenen Farben:
linker Hoden (Eierstock) 1, linke Niere 2, Bauchspeicheldrüse 3, durchschnittene Rippen 4, linker Samenleiter (Eileiter) 5, Schwimmblase 6, Harnleiter 7, Magen 8, Mitteldarm 9, Enddarm 10, Leber 11, Trennwand zwischen Bauch- und Herzhöhle 12, Milz 13, Harnblase 14, Speiseröhre 15, Gallenblase 16, Magenschläuche 17.

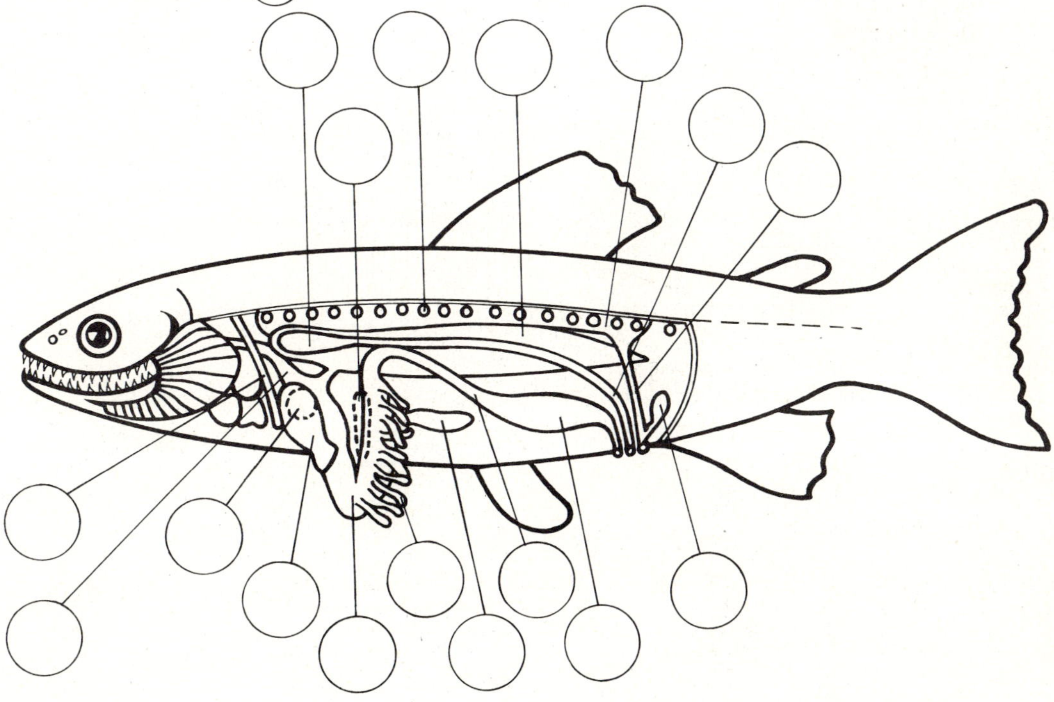

 ISBN 3-12-030930-3

1. Male den Bauplan farbig aus. Verwende folgende Farben:

gelb	— Nervensystem	orange	— Geschlechtsorgane
grün	— Verdauungsorgane	rot	— Blutkreislauf

2. Beschrifte die Zeichnung.

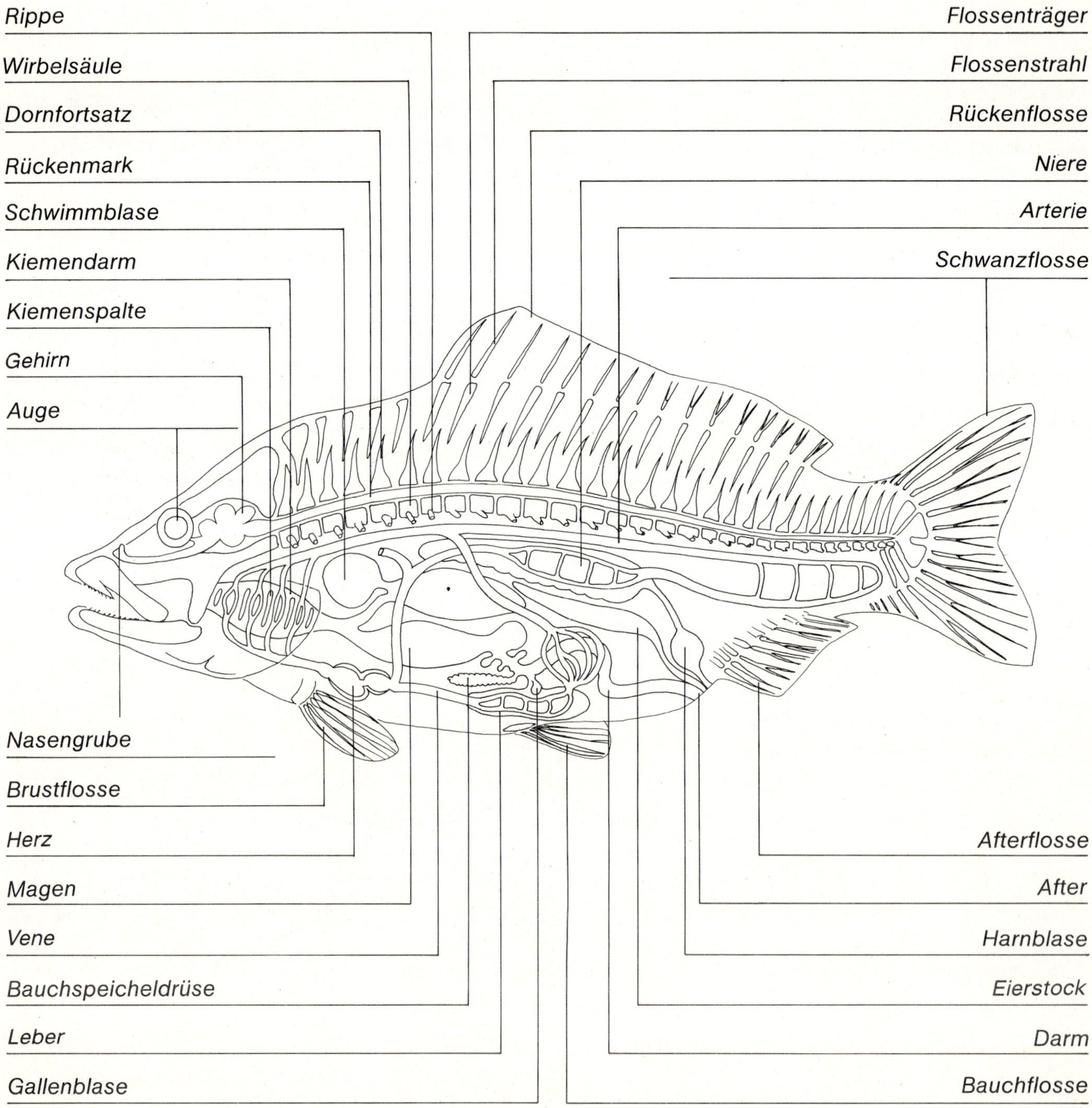

ISBN 3-12-030930-3

1. Male den Bauplan farbig aus. Verwende folgende Farben:
   gelb — Nervensystem
   grün — Verdauungsorgane
   orange — Geschlechtsorgane
   rot — Blutkreislauf

2. Beschrifte die Zeichnung.

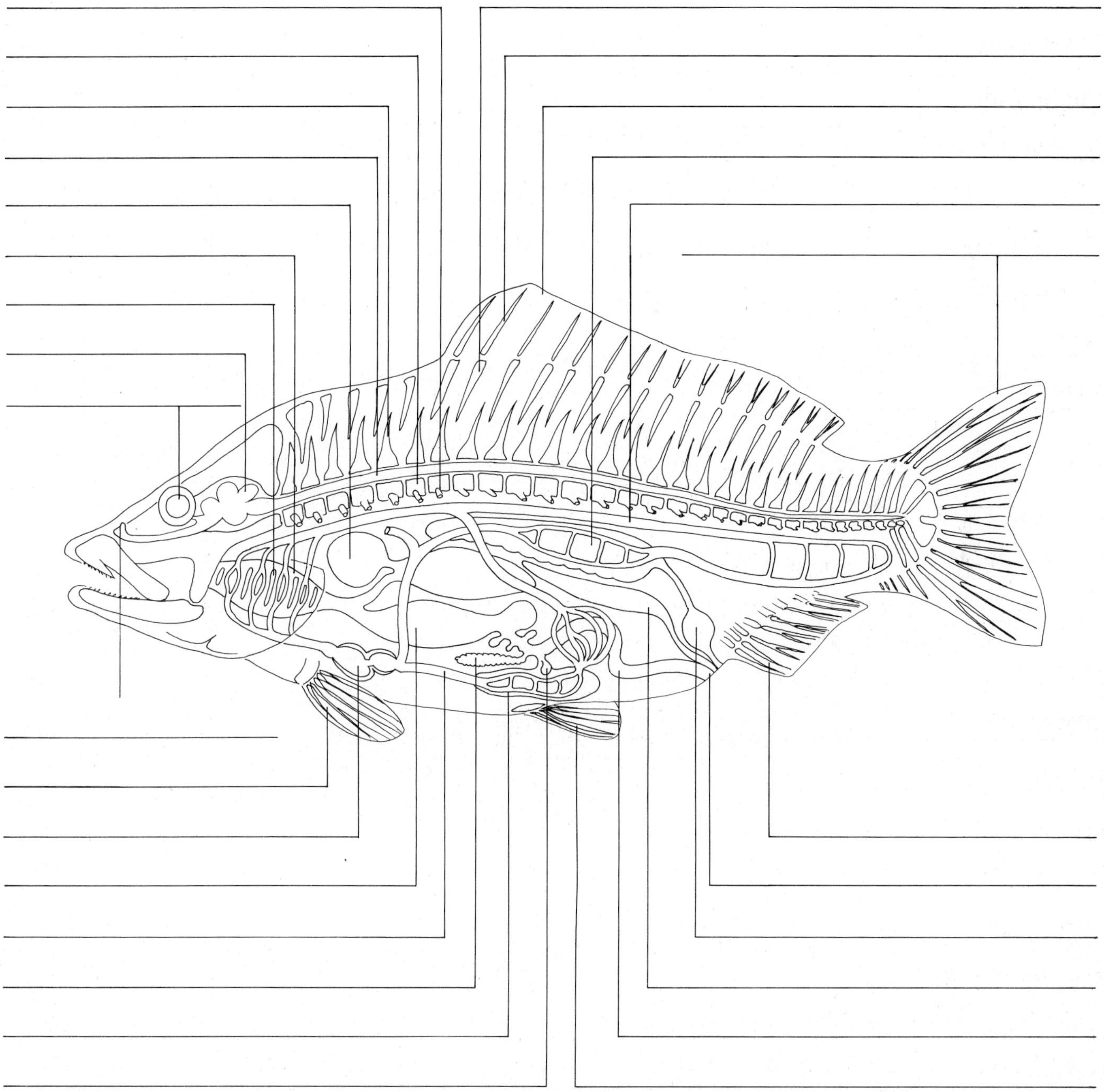

ISBN 3-12-030930-3

1. Male den Bauplan farbig aus. Verwende folgende Farben:

gelb	—	Nervensystem	orange	—	Geschlechtsorgane
grün	—	Verdauungsorgane	rot	—	sauerstoffreiches Blut
blau	—	Kiemenraum	violett	—	sauerstoffarmes Blut
braun	—	Niere und Leber			

2. Beschrifte die Zeichnung.

3. Zeichne den Umriß des Fisches und das Blutgefäßsystem in dein Heft.

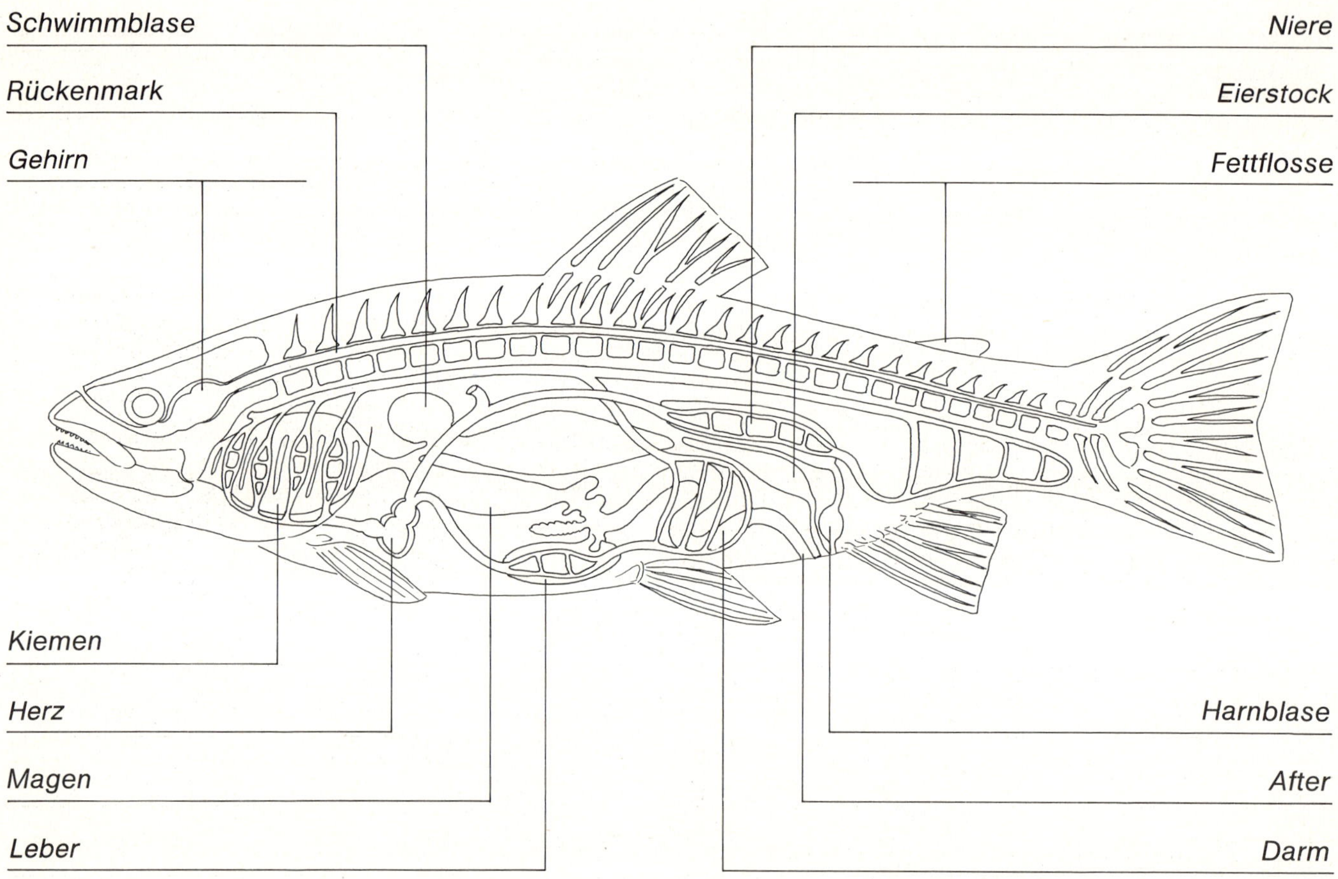

ISBN 3-12-030930-3

Der Bauplan der Forelle

____

1. Male den Bauplan farbig aus. Verwende folgende Farben:

gelb	—	Nervensystem	orange	—	Geschlechtsorgane
grün	—	Verdauungsorgane	rot	—	sauerstoffreiches Blut
blau	—	Kiemenraum	violett	—	sauerstoffarmes Blut
braun	—	Niere und Leber			

2. Beschrifte die Zeichnung.

3. Zeichne den Umriß des Fisches und das Blutgefäßsystem in dein Heft.

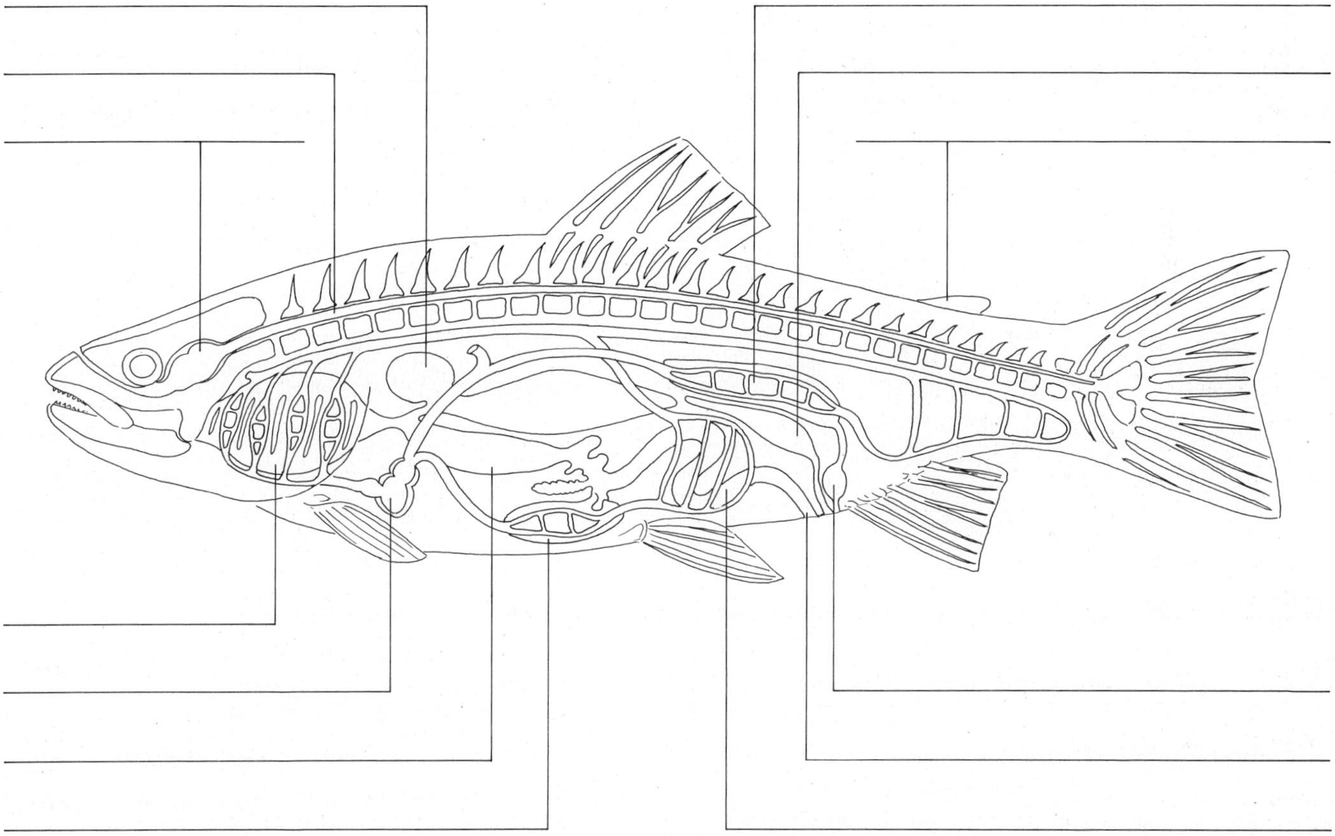

 ISBN 3-12-030930-3

Die Abbildung zeigt einen Fisch viermal kurz hintereinander beim schnellen Vorwärtsschwimmen.

1. Welche Flosse liefert den Vortrieb? Du erkennst sie daran, daß sie am stärksten bewegt wird.

   Schwanzflosse

2. Was geschieht, wenn beim Vorwärtsschwimmen die rechte Brustflosse abgespreizt wird?

   sie bremst rechts, der Fisch schwimmt nach rechts

3. Aus der Antwort auf Frage 2. kannst du erklären, wozu alle jeweils doppelt vorhandenen (paarigen) Flossen dienen:

   zum Steuern

4. Welche Flossen sind kaum beweglich? Sie wirken wie das Schwert eines Segelbootes. Kannst du diese Wirkung erklären?

   Rückenflosse und Afterflosse, sie helfen die Richtung zu halten

ISBN 3-12-030930-3

Die Abbildung zeigt einen Fisch viermal kurz hintereinander beim schnellen Vorwärtsschwimmen.

1. Welche Flosse liefert den Vortrieb? Du erkennst sie daran, daß sie am stärksten bewegt wird.

2. Was geschieht, wenn beim Vorwärtsschwimmen die rechte Brustflosse abgespreizt wird?

3. Aus der Antwort auf Frage 2. kannst du erklären, wozu alle jeweils doppelt vorhandenen (paarigen) Flossen dienen:

4. Welche Flossen sind kaum beweglich? Sie wirken wie das Schwert eines Segelbootes. Kannst du diese Wirkung erklären?

ISBN 3-12-030930-3

Schwerelos können Forellen im Wasser „stehen". Mit winzigen Flossenschlenkern können sie sich auf und ab bewegen. Haie dagegen müssen Schwimmbewegungen ausführen, um nicht abzusinken, und uns treibt es zur Oberfläche.

1. Prüfe das Schwimmverhalten verschiedener Gegenstände. Notiere das Ergebnis, indem du die Tabelle ausfüllst. Was kommt häufig vor, was selten?

— *Bleistift und Tintenpatrone schwimmen, Radiergummi und Münze sinken ab. Entscheidend ist die Dichte der Gegenstände. Ist seine Dichte kleiner als die von Wasser, schwimmt ein Gegenstand. Ist seine Dichte größer als die von Wasser, sinkt ein Gegenstand ab.*

2. Mit einer Luftblase als Auftriebskörper läßt sich das Schwimmverhalten verändern.
   a) Prüfe die Schwimmeigenschaften einer völlig mit Wasser gefüllten Pipette.
   b) Drücke etwas Wasser heraus und sauge dafür Luft hinein. Versuche so, die Pipette in Schwebelage zu bringen. Geht das leicht?

— *a) Die völlig mit Wasser gefüllte Pipette geht unter.*
b) Die Schwebelage der Pipette hängt von der eingeschlossenen Luftmenge ab. Diese Menge muß genau (!) eingestellt werden, damit die Pipette schwebt.

3. Wie verhält sich eine Luftblase bei Druckwechsel? Fülle ein Reagenzglas zu 2/3 mit Seifenlauge, verschließe es mit dem Daumen und schüttle einmal kräftig, um große Seifenblasen zu erhalten. Setze eine Einwegspritze mit einem Schlauchstück zur Abdichtung luftdicht auf und bewege den Spritzenkolben auf und ab. Was beobachtest du an der Seifenblase?

— *Zieht man den Spritzenkolben heraus, werden die Blasen größer; sie können auch platzen.*
Drückt man den Spritzenkolben hinein, werden die Blasen kleiner.

4. Fische sind wie der Reagenzglasinhalt im vorigen Versuch ständigem Druckwechsel ausgesetzt. Du hast beim Tauchen sicher schon einmal den hohen Druck bemerkt, der in tiefem Wasser herrscht. In der rechts abgebildeten Apparatur ist die Pipette ein Forellenmodell.
   a) Simuliere durch Eindrücken des Spritzenkolbens die Druckerhöhung, der eine Forelle beim Abtauchen ausgesetzt ist! Was beobachtest du?
   Erkläre es! Wie kann dies verhindert werden?
   b) Simuliere durch Herausziehen des Spritzenkolbens die Druckerniedrigung, der eine auftauchende Forelle ausgesetzt ist! Was beobachtest du? Erkläre es! Wie kann es verhindert werden? Suche im Bauplan der Forelle nach einer konkreten Möglichkeit!

— *a) Beim Eindrücken des Spritzenkolbens sinkt die Pipette, da sich die eingeschlossene Luftblase verkleinert. Die Forelle müßte ihre Schwimmblase aufpumpen.*
b) Beim Herausziehen des Kolbens steigt die Pipette, da sich die eingeschlossene Luftblase vergrößert.
Die Forelle müßte Luft ablassen.

ISBN 3-12-030930-3

Schwerelos können Forellen im Wasser „stehen“. Mit winzigen Flossenschlenkern können sie sich auf und ab bewegen. Haie dagegen müssen Schwimmbewegungen ausführen, um nicht abzusinken, und uns treibt es zur Oberfläche.

1. Prüfe das Schwimmverhalten verschiedener Gegenstände. Notiere das Ergebnis, indem du die Tabelle ausfüllst. Was kommt häufig vor, was selten?

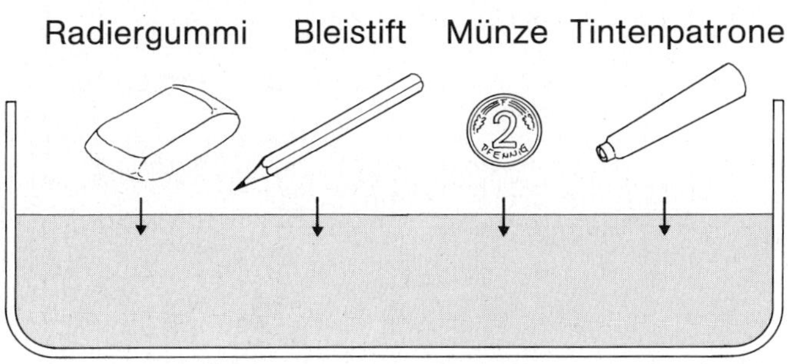

	schwimmt	sinkt
Radiergummi		
Bleistift		
Münze		
Tintenpatrone		

2. Mit einer Luftblase als Auftriebskörper läßt sich das Schwimmverhalten verändern.
   a) Prüfe die Schwimmeigenschaften einer völlig mit Wasser gefüllten Pipette.
   b) Drücke etwas Wasser heraus und sauge dafür Luft hinein. Versuche so, die Pipette in Schwebelage zu bringen. Geht das leicht?

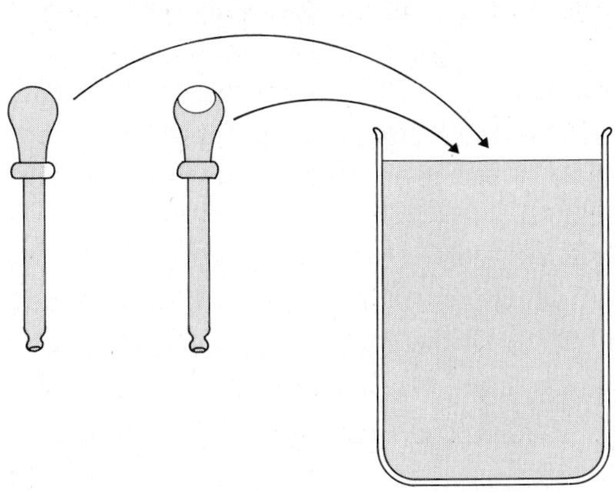

3. Wie verhält sich eine Luftblase bei Druckwechsel? Fülle ein Reagenzglas zu 2/3 mit Seifenlauge, verschließe es mit dem Daumen und schüttle einmal kräftig, um große Seifenblasen zu erhalten. Setze eine Einwegspritze mit einem Schlauchstück zur Abdichtung luftdicht auf und bewege den Spritzenkolben auf und ab. Was beobachtest du an der Seifenblase?

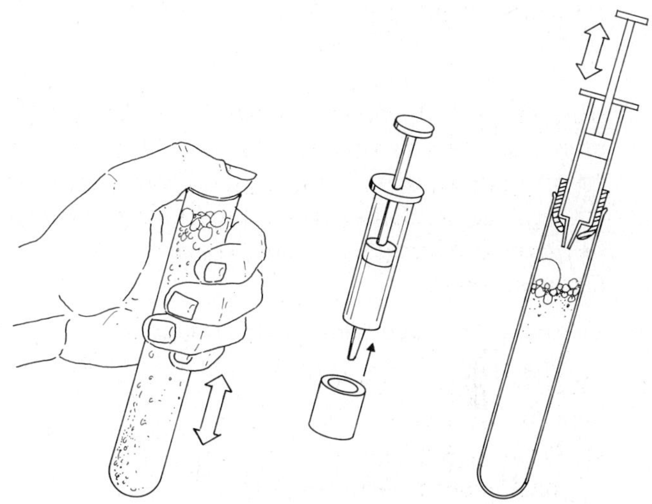

4. Fische sind wie der Reagenzglasinhalt im vorigen Versuch ständigem Druckwechsel ausgesetzt. Du hast beim Tauchen sicher schon einmal den hohen Druck bemerkt, der in tiefem Wasser herrscht. In der rechts abgebildeten Apparatur ist die Pipette ein Forellenmodell.
   a) Simuliere durch Eindrücken des Spritzenkolbens die Druckerhöhung, der eine Forelle beim Abtauchen ausgesetzt ist! Was beobachtest du?
   Erkläre es! Wie kann dies verhindert werden?
   b) Simuliere durch Herausziehen des Spritzenkolbens die Druckerniedrigung, der eine auftauchende Forelle ausgesetzt ist! Was beobachtest du? Erkläre es! Wie kann es verhindert werden? Suche im Bauplan der Forelle nach einer konkreten Möglichkeit!

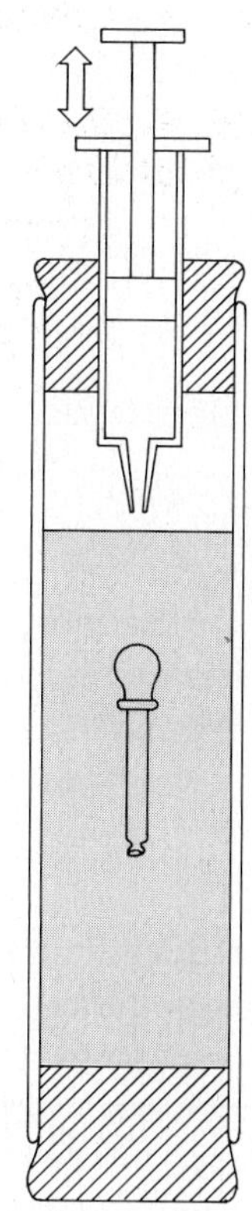

 ISBN 3-12-030930-3

A Untersuchung der Atemfrequenz

Stelle die Anzahl der Atembewegungen an den Kiemendeckeln von Goldfischen fest. Zähle jeweils viermal die Atembewegungen 15 sec lang und trage die Summe in die Tabelle ein.

	Atembewegungen pro min	Erklärung
in Wasser bei Zimmertemperatur	*90*	*normale Atmung, normaler Sauerstoffverbrauch*
in Wasser, das 10 °C wärmer ist	*160*	*schnelle Atmung, höhere Körpertemperatur und damit erhöhter Sauerstoffbedarf*
in Wasser, das 10 °C kälter ist	*40*	*verlangsamte Atmung, niedrigere Körpertemperatur und damit erniedrigter Sauerstoffbedarf*
bei einem erregten Fisch	*120*	*hoher Sauerstoffbedarf wegen vermehrter Muskelarbeit*
in entgastem (gekochtem) Wasser	*180*	*Sauerstoffgehalt des Wassers ist gering, daher erhöhte Atemaktivität*

B Untersuchung des Wassers im Vakuum

Verschließe eine zu 3/4 mit Wasser gefüllte Flasche mit einem durchbohrten Gummistopfen, durch den ein gewinkeltes Glasrohr gesteckt ist, und schließe an diese Apparatur eine Wasserstrahlpumpe oder einen Kolbenprober an.

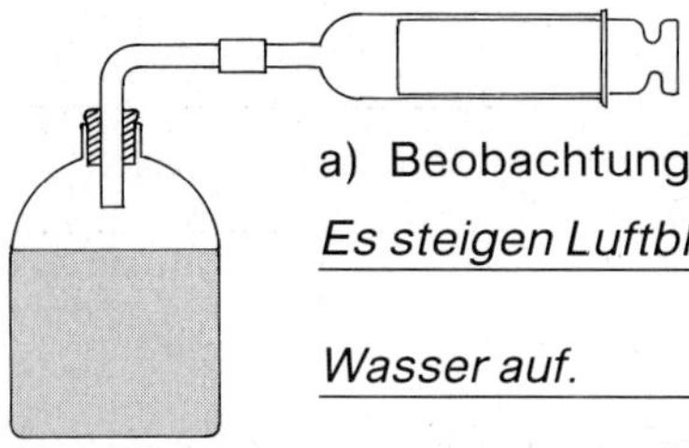

a) Beobachtungen beim Absaugen:

Es steigen Luftbläschen aus dem Wasser auf.

b) Bedeutung für die Atmung der Fische:

Wasser enthält Sauerstoff, den die Fische atmen können.

C Sauerstoffaufnahme ins Blut

Die Kiemen eines lebenden Fisches sehen rot aus. Warum?

Die Kiemen sind stark durchblutet.

Liegt zwischen Blutgefäßen und Sauerstoff nur eine sehr dünne Haut, so kann etwas Sauerstoff durch diese Haut hindurch ins Blut aufgenommen werden. Wie liegen die Adern in einem Kiemenblättchen? Vervollständige das Schema nach einem Mikropräparat oder einer Abbildung aus deinem Biologiebuch.

Welches Blut ist sauerstoffarm, welches sauerstoffreich? Beschrifte.

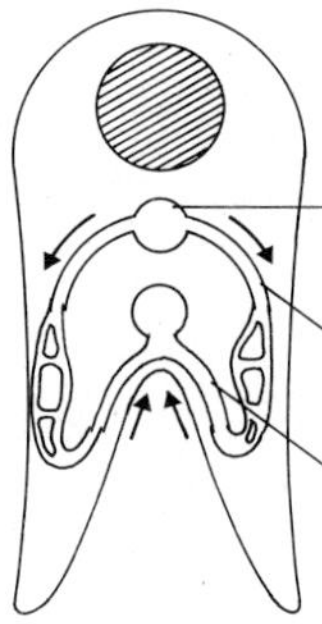

D Die Zahl der Kiemenblättchen

Zähle an einem herauspräparierten Kiemenbogen einer Forelle die Kiemenblättchen.

Es sind *80*

Die Forelle hat *8* Kiemenbögen

mit insgesamt *640* Kiemenblättchen.

Jedes Kiemenblättchen hat eine Oberfläche von etwa 0,6 cm^2. Die Gesamtoberfläche der Kiemenblättchen ist demnach *384* cm^2.

Welche Bedeutung hat die große Oberfläche der Kiemenblättchen für die Atmung der Fische?

durch Vergrößerung der Oberfläche, Verbesserung der Sauerstoffaufnahme

ISBN 3-12-030930-3

Wie atmen Fische?

____

A Untersuchung der Atemfrequenz

Stelle die Anzahl der Atembewegungen an den Kiemendeckeln von Goldfischen fest. Zähle jeweils viermal die Atembewegungen 15 sec lang und trage die Summe in die Tabelle ein.

	Atembewegungen pro min	Erklärung
in Wasser bei Zimmertemperatur		
in Wasser, das 10 °C wärmer ist		
in Wasser, das 10 °C kälter ist		
bei einem erregten Fisch		
in entgastem (gekochtem) Wasser		

B Untersuchung des Wassers im Vakuum

Verschließe eine zu 3/4 mit Wasser gefüllte Flasche mit einem durchbohrten Gummistopfen, durch den ein gewinkeltes Glasrohr gesteckt ist, und schließe an diese Apparatur eine Wasserstrahlpumpe oder einen Kolbenprober an.

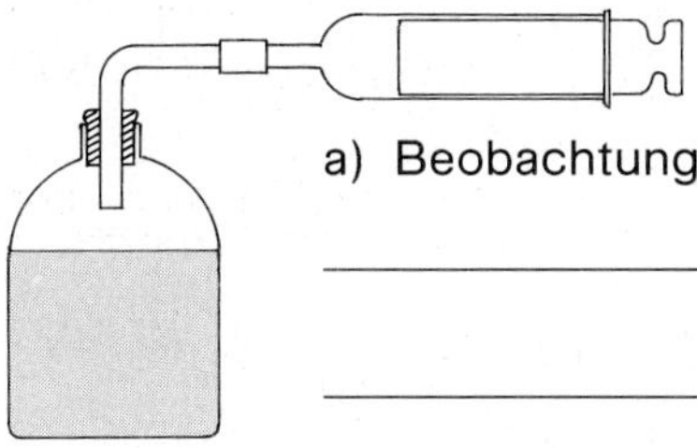

a) Beobachtungen beim Absaugen:

____

____

b) Bedeutung für die Atmung der Fische:

____

____

Welches Blut ist sauerstoffarm, welches sauerstoffreich? Beschrifte.

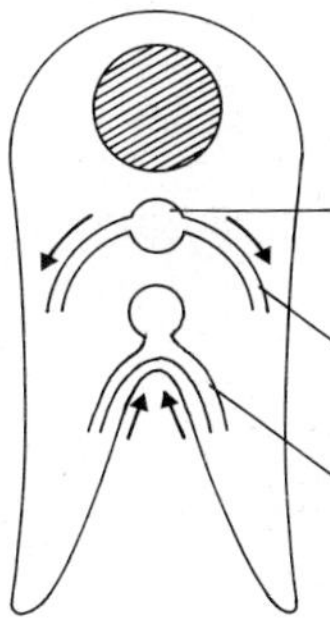

vom Herzen

____

____

C Sauerstoffaufnahme ins Blut

Die Kiemen eines lebenden Fisches sehen rot aus. Warum?

____

Liegt zwischen Blutgefäßen und Sauerstoff nur eine sehr dünne Haut, so kann etwas Sauerstoff durch diese Haut hindurch ins Blut aufgenommen werden. Wie liegen die Adern in einem Kiemenblättchen? Vervollständige das Schema nach einem Mikropräparat oder einer Abbildung aus deinem Biologiebuch.

D Die Zahl der Kiemenblättchen

Zähle an einem herauspräparierten Kiemenbogen einer Forelle die Kiemenblättchen.

Es sind ______________________________

Die Forelle hat ________ Kiemenbögen

mit insgesamt __________ Kiemenblättchen.
Jedes Kiemenblättchen hat eine Oberfläche von etwa 0,6 cm^2. Die Gesamtoberfläche der Kiemenblättchen

ist demnach ________ cm^2.
Welche Bedeutung hat die große Oberfläche der Kiemenblättchen für die Atmung der Fische?

____

____

ISBN 3-12-030930-3

Die Umrisse auf ein Blatt eines großen Zeichenblockes pausen, ausschneiden und entsprechend den Abbildungen falten und zusammenkleben. Auf die Außenseite der 4 „Kiemenbögen" werden möglichst viele rot ausgemalte „Kiemenblättchen" geklebt, auf die Innenseite je eine Reihe der „Reusenzähne". Zum Schluß werden noch „Kiemendeckel" entsprechender Größe aufgeklebt.

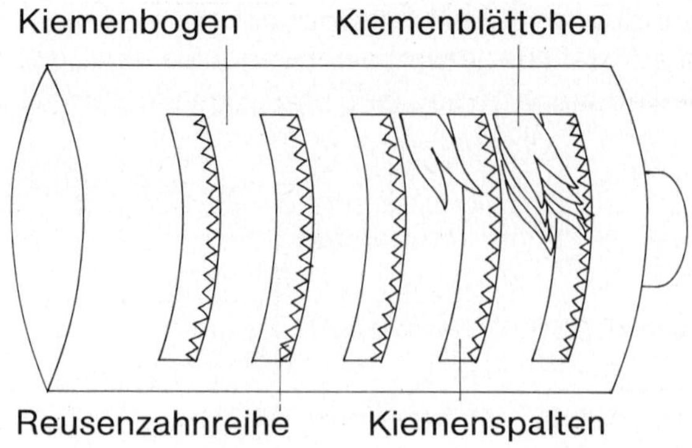

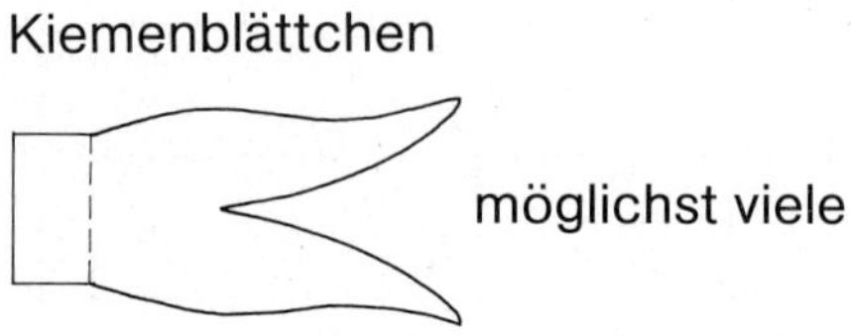

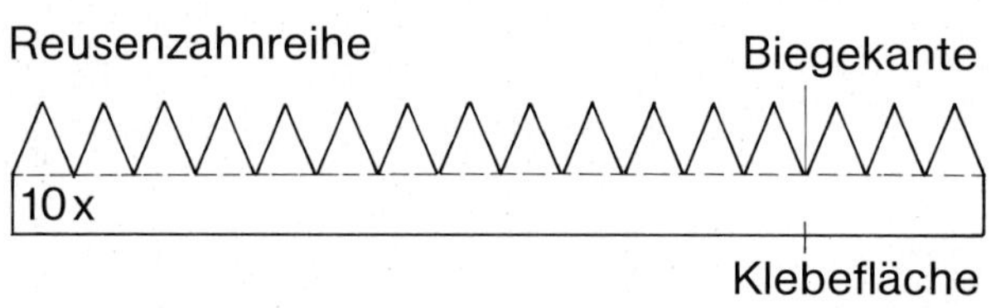

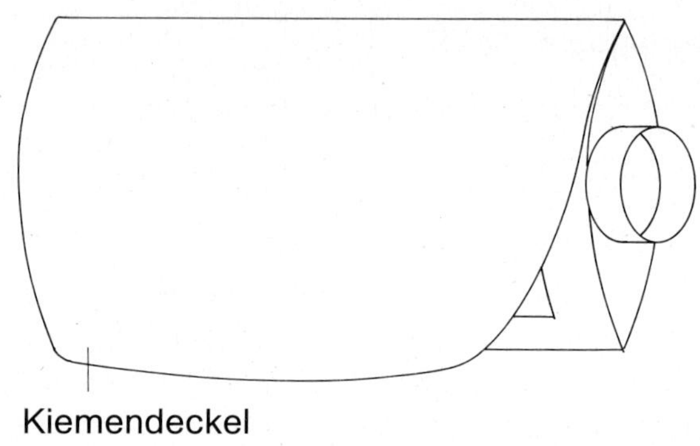

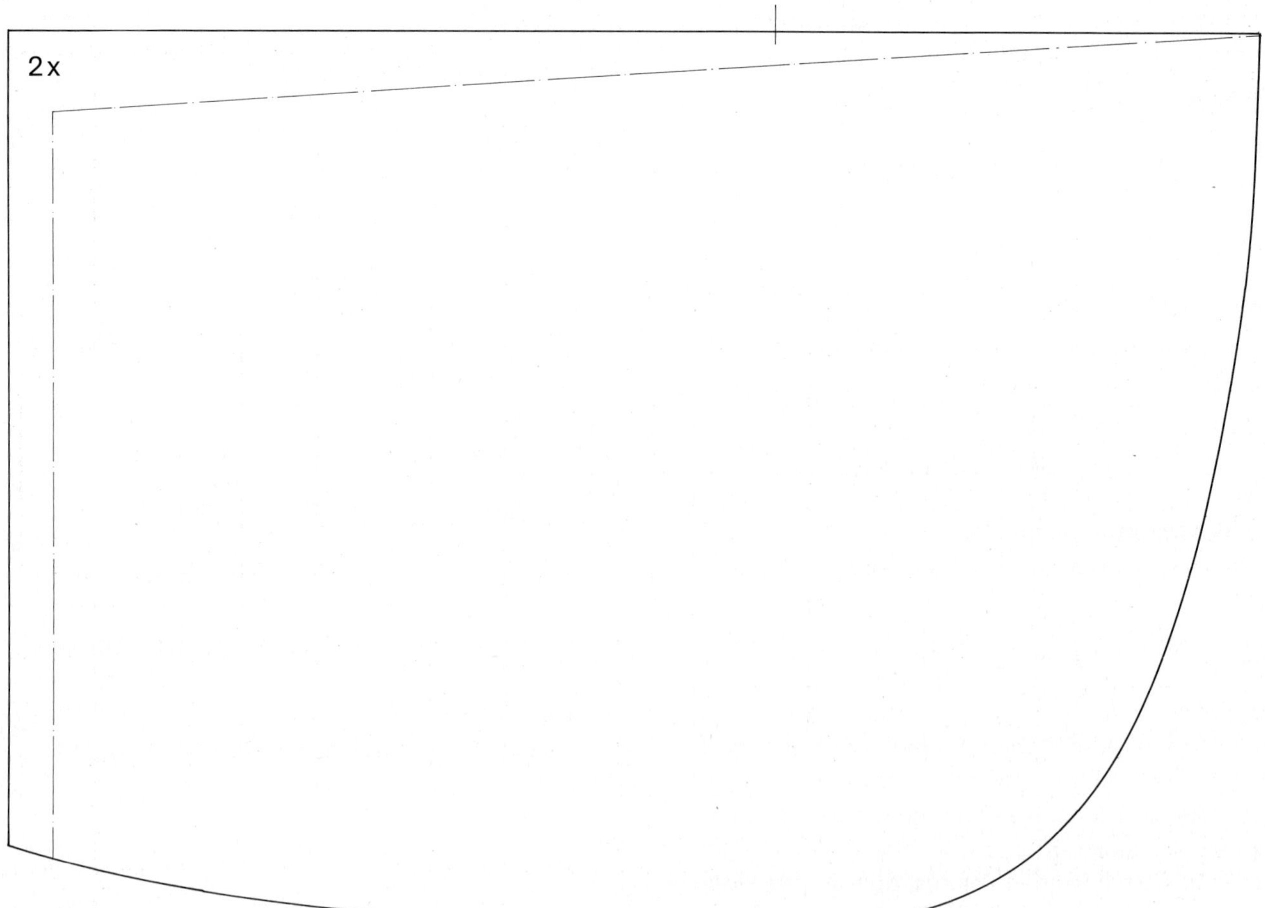

 ISBN 3-12-030930-3

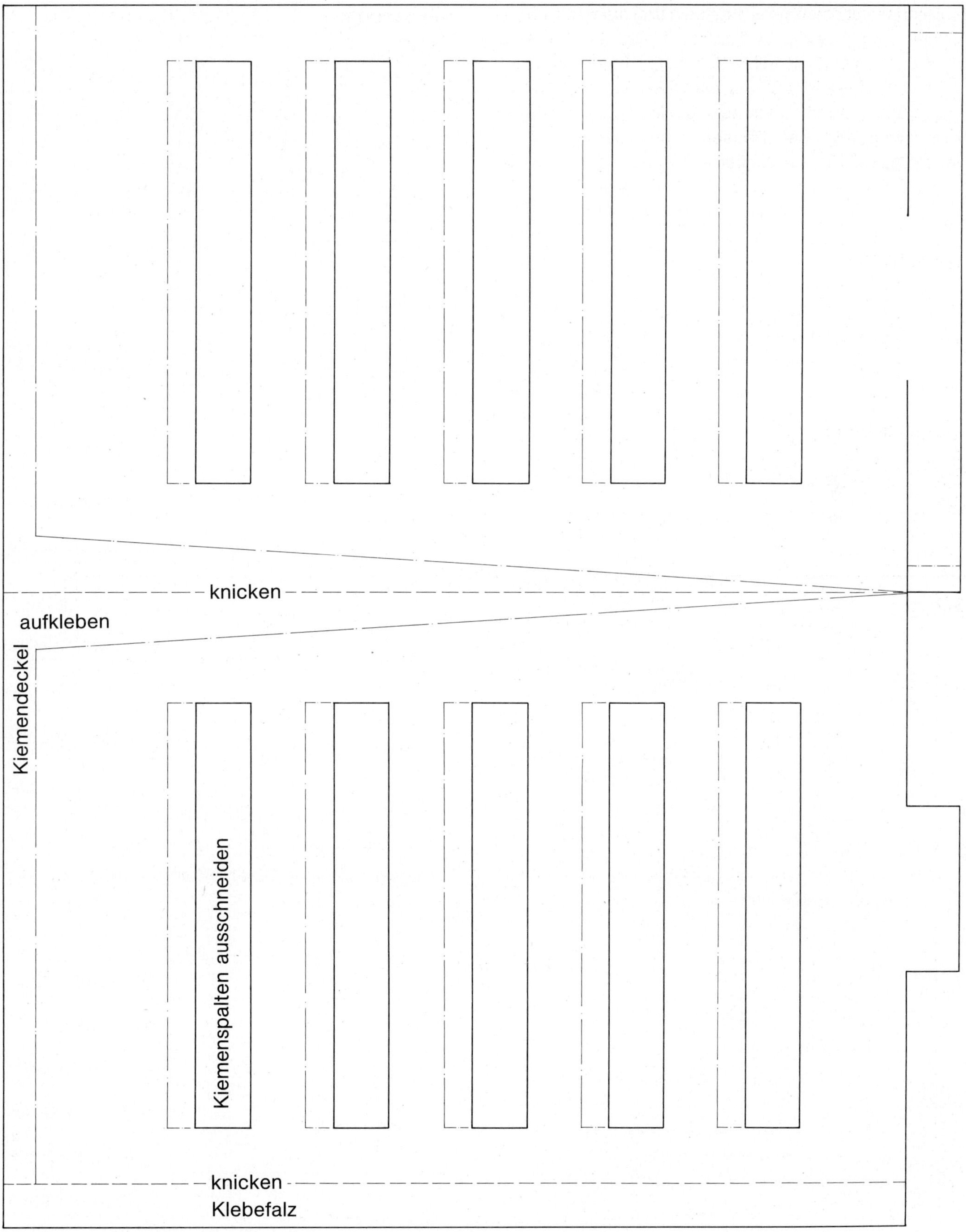

ISBN 3-12-030930-3

1. Zeichne mit blauem Farbstift den Wasserstrom ein.

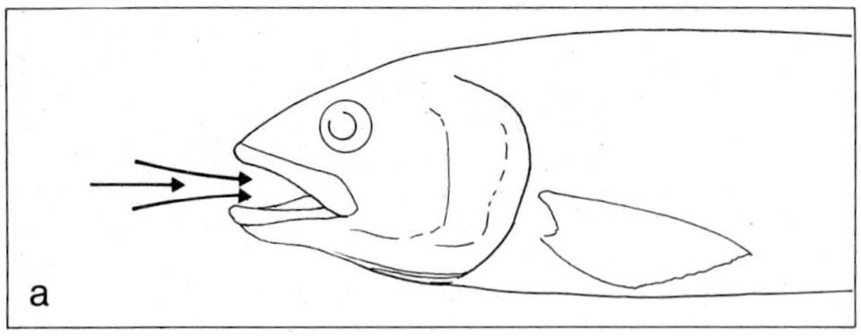

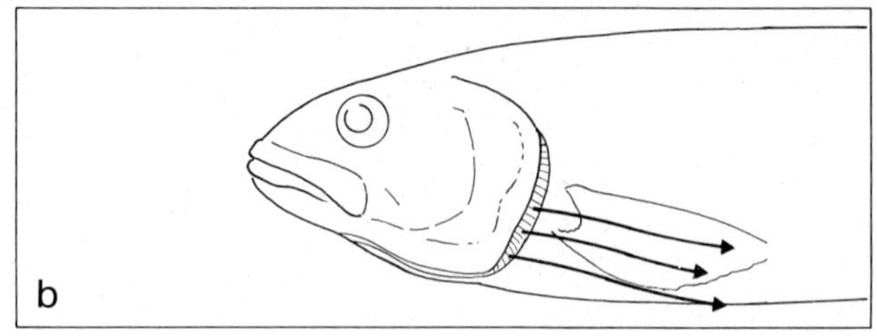

2. a) Zeichne mit blauem Farbstift den Wasserstrom, mit grünem Farbstift den Weg der Nahrung ein.
   b) Beschrifte die Zeichnung.

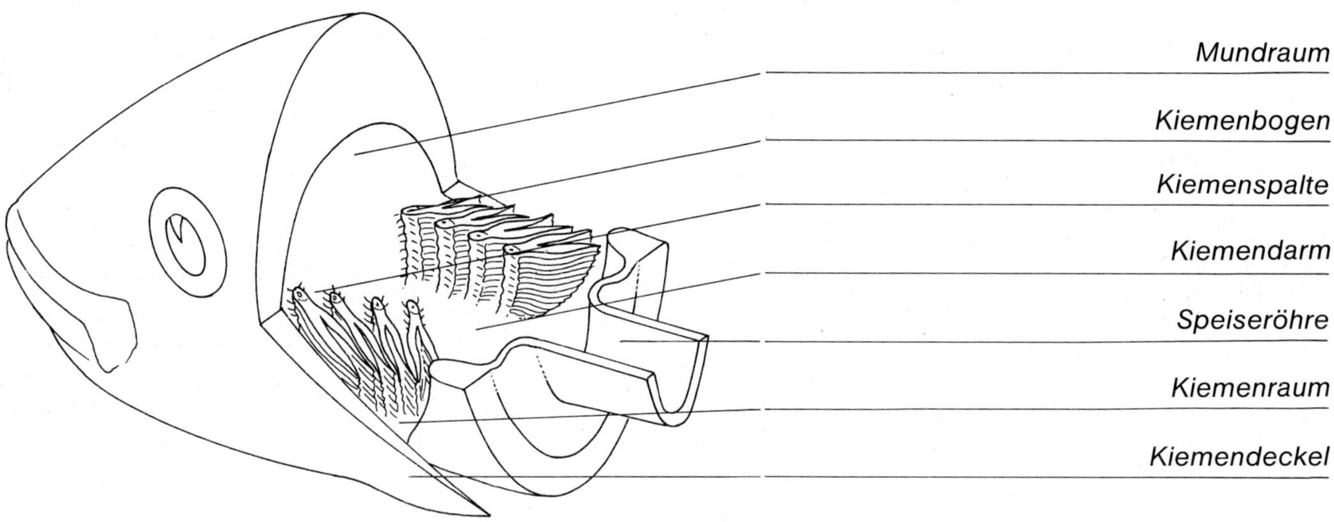

3. a) Beschrifte die Zeichnung.
   b) Überlege, an welcher Stelle das Blut Sauerstoff aus dem Wasser aufnimmt. Male die Adern von da an rot, bis zu dieser Stelle blau aus.

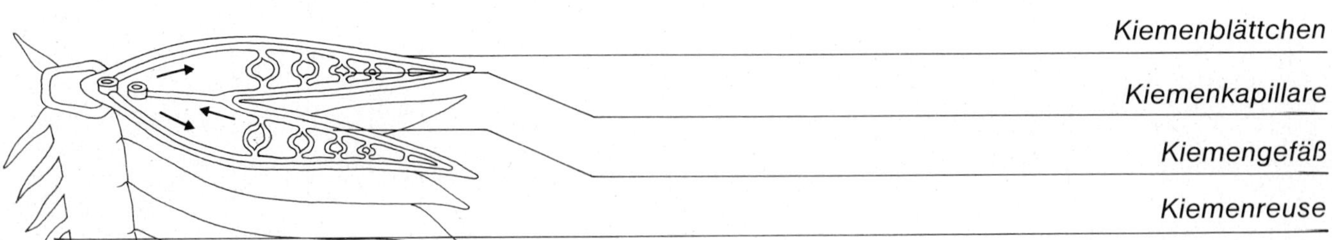

 ISBN 3-12-030930-3

1. Zeichne mit blauem Farbstift den Wasserstrom ein.

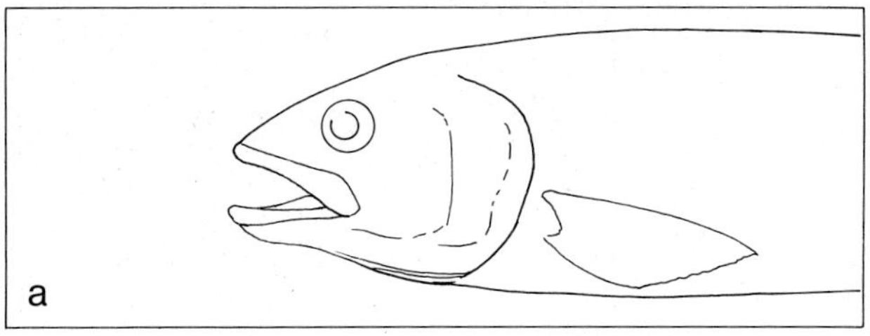

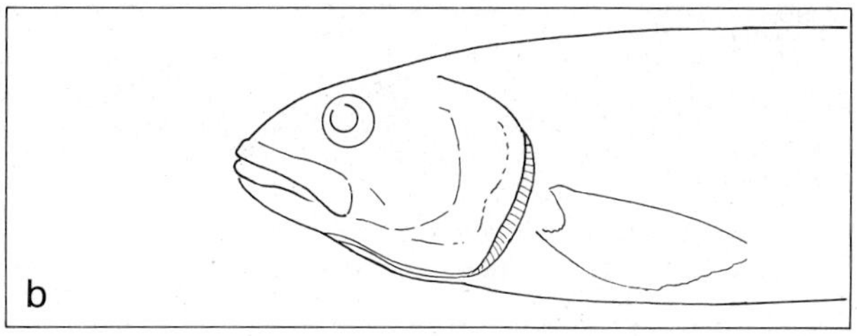

2. a) Zeichne mit blauem Farbstift den Wasserstrom, mit grünem Farbstift den Weg der Nahrung ein.
   b) Beschrifte die Zeichnung.

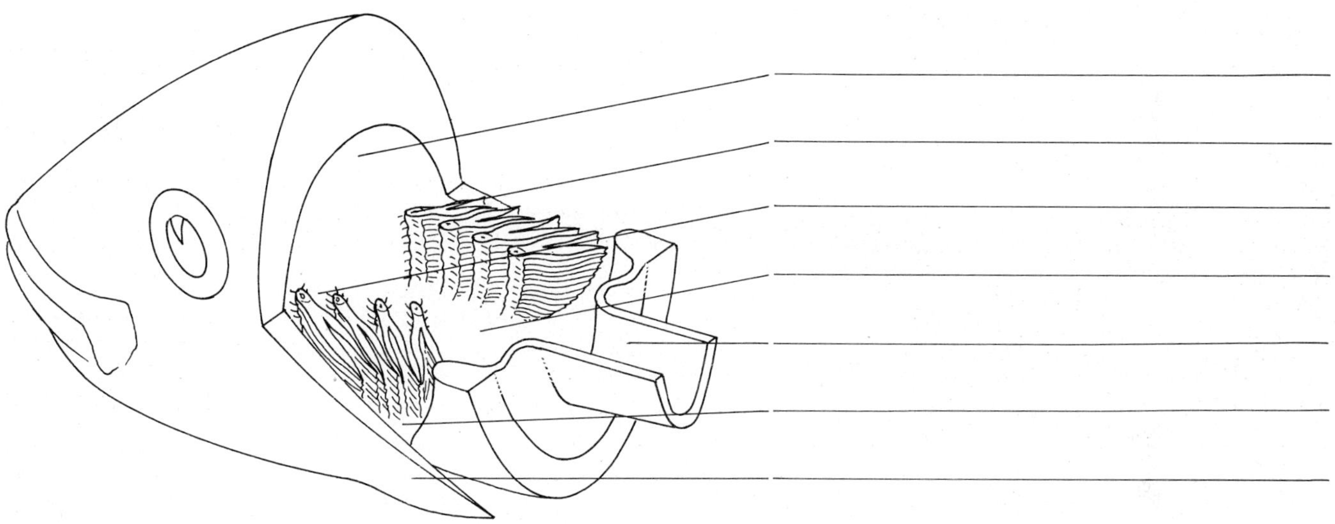

3. a) Beschrifte die Zeichnung.
   b) Überlege, an welcher Stelle das Blut Sauerstoff aus dem Wasser aufnimmt. Male die Adern von da an rot, bis zu dieser Stelle blau aus.

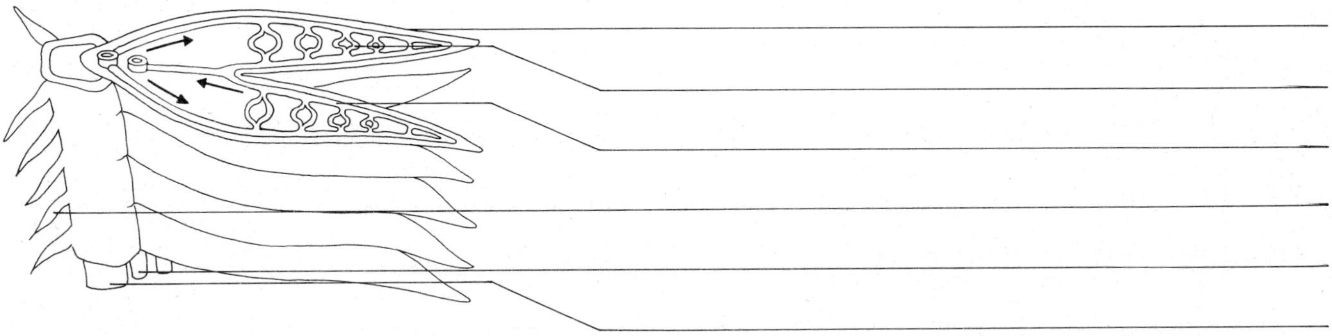

ISBN 3-12-030930-3

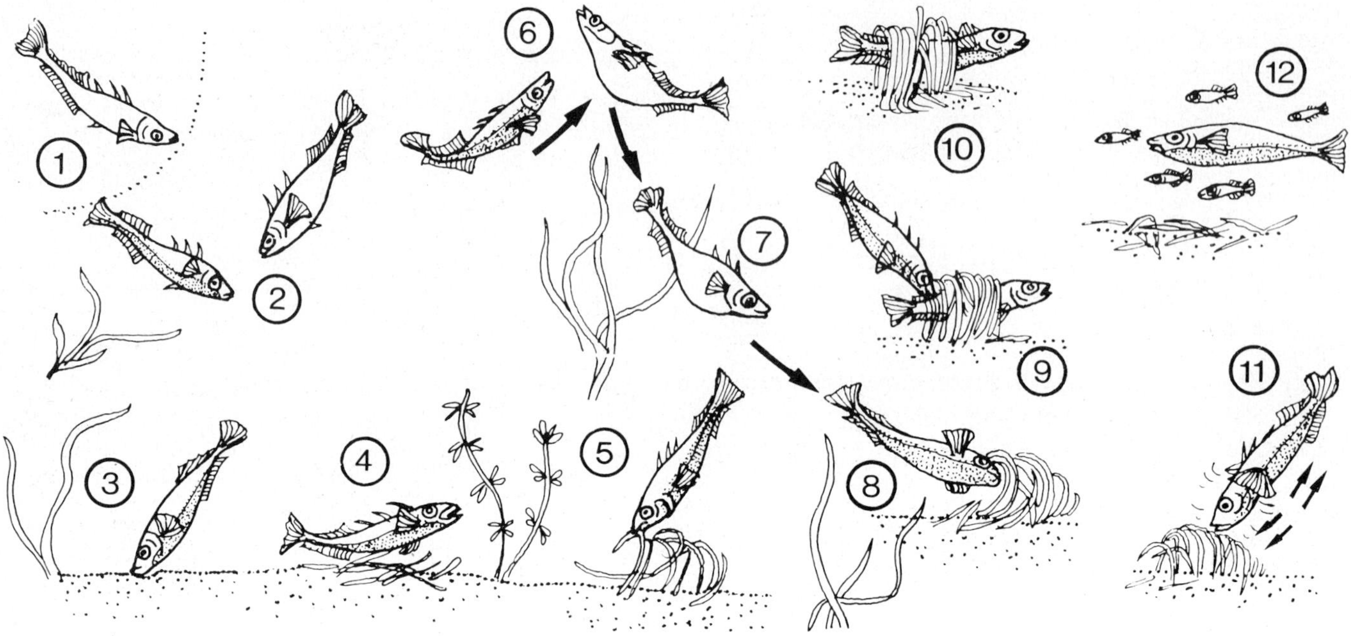

1. a) Markiere den Bauch aller Stichlingsmännchen mit rotem Farbstift.
   b) Ordne den dargestellten Verhaltensweisen eine Zahl zu.
   c) Beschreibe die Verhaltensweisen in Stichworten.

(1) *Stichling im Winterkleid*

(2) *Männchen drohend, hat Revier gebildet*

(3) *Männchen gräbt Nestmulde*

(4) *Männchen kittet Nistmaterial zusammen*

(5) *Männchen baut das Nest*

(6) *Männchen lockt Weibchen an*

(7) *Weibchen folgt Männchen*

(8) *Männchen zeigt Nesteingang*

(9) *Männchen führt Schnauzentriller aus, stimuliert Weibchen, Eiablage*

(10) *Männchen besamt Eier*

(11) *Männchen fächelt Sauerstoff an die Eier*

(12) *Männchen bewacht Jungfische*

 ISBN 3-12-030930-3

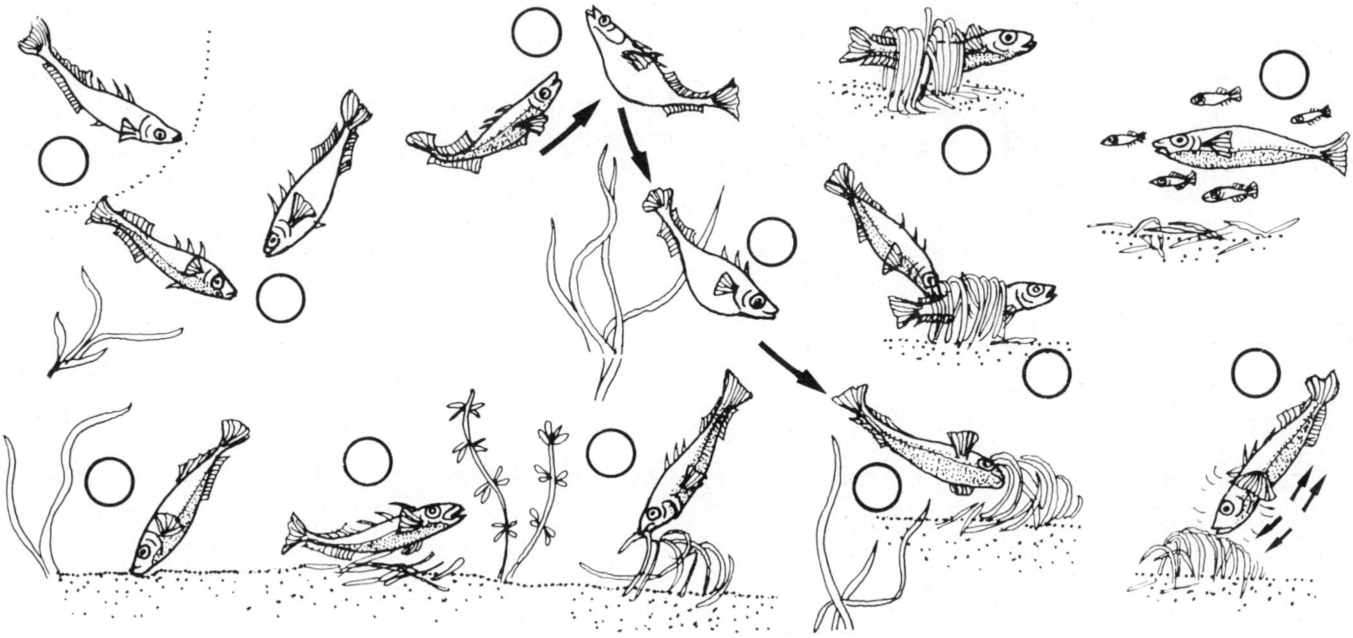

1. a) Markiere den Bauch aller Stichlingsmännchen mit rotem Farbstift.
   b) Ordne den dargestellten Verhaltensweisen eine Zahl zu.
   c) Beschreibe die Verhaltensweisen in Stichworten.

ISBN 3-12-030930-3

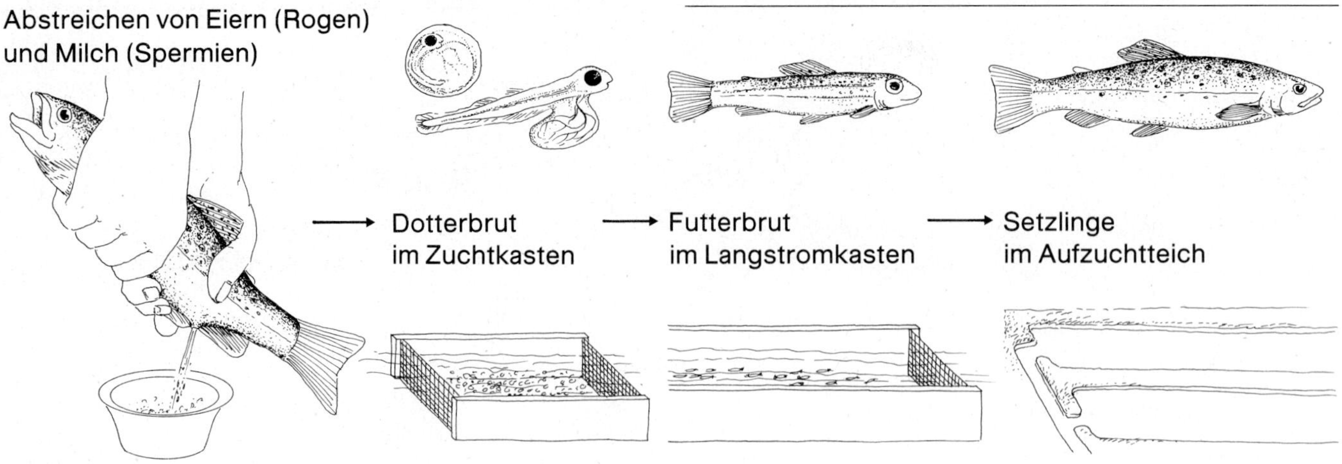

1. Beschreibe den Inhalt der obigen Abbildung.

Den Fischweibchen wird der Rogen, den Männchen die Milch ausgestrichen. Beides wird in einer Schale vermischt (Befruchtung). Die im Brutkasten schlüpfenden Larven leben vom Dottersack. In Langstromkästen, die ständig von Frischwasser durchströmt werden, wachsen die Jungfische heran. Die ca. 8 cm langen Setzlinge werden in Aufzuchtteiche überführt.

2. Für die Forellenzucht sind aufwendige Grabensysteme typisch, während sie z. B. bei der Karpfenzucht nicht notwendig sind. Begründe.

Forellen leben in schnellfließenden Bächen. Das Wasser muß klar, kalt und sauerstoffreich sein. Deshalb brauchen die Fische in der Zuchtanlage die ständige Zufuhr von Frischwasser.

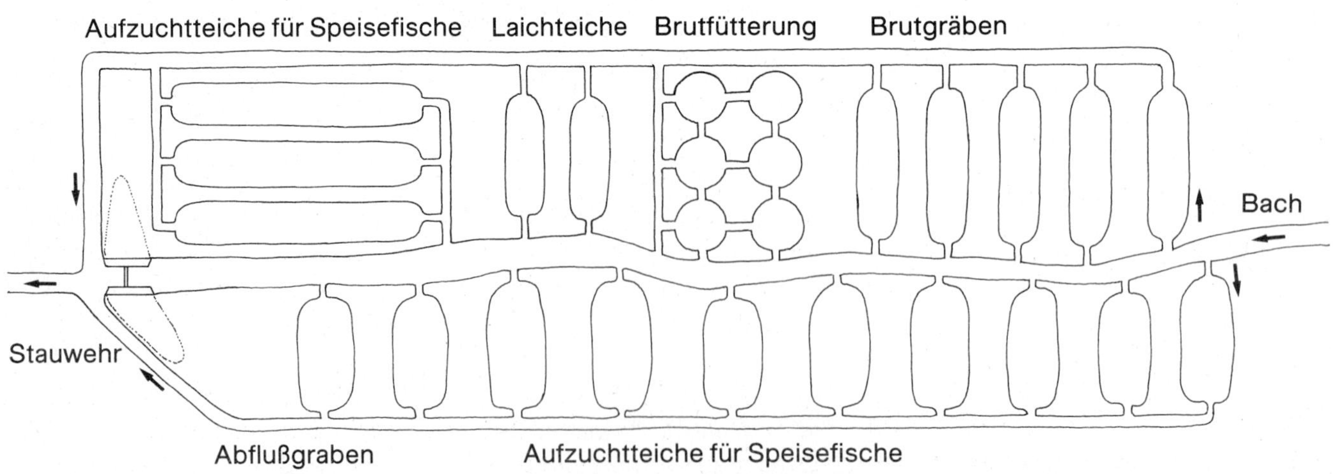

ISBN 3-12-030930-3

Forellenzucht

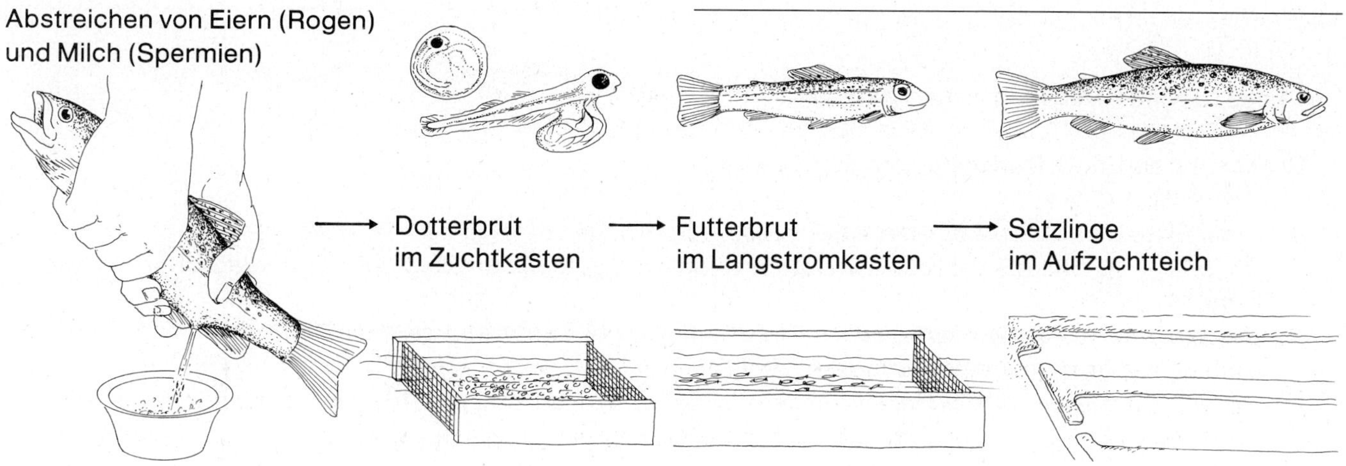

1. Beschreibe den Inhalt der obigen Abbildung.

2. Für die Forellenzucht sind aufwendige Grabensysteme typisch, während sie z. B. bei der Karpfenzucht nicht notwendig sind. Begründe.

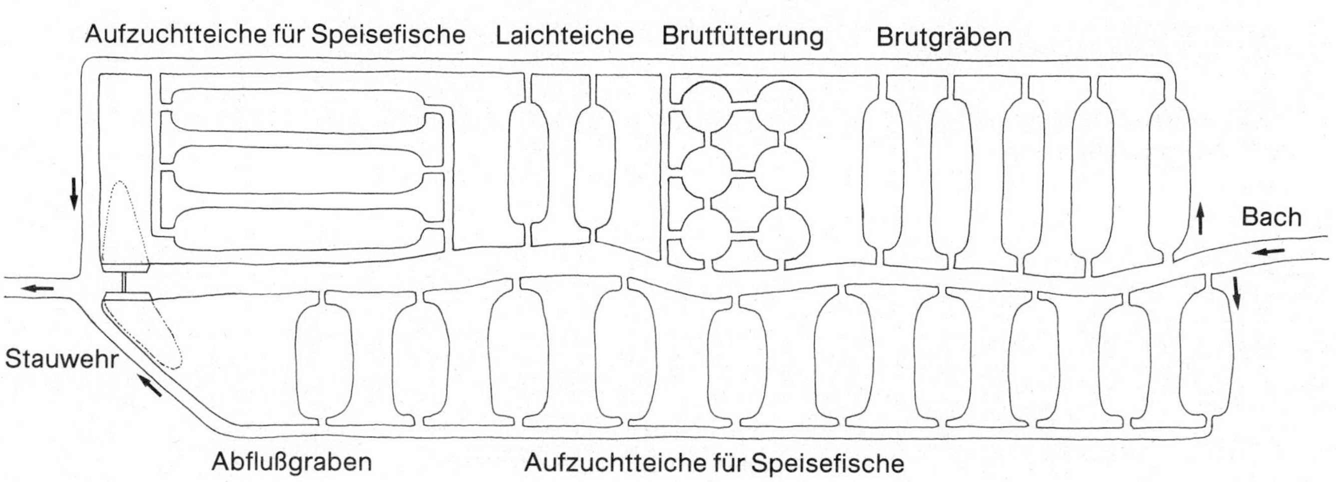

ISBN 3-12-030930-3

Bearbeite folgende Aufgaben in deinem Heft:

1. Beschreibe die Entwicklungsstadien einer Forelle.

   1 *In der Mitte sieht man die dunkle Dottermasse, darum herum eine klare Hülle (Gallerte).*
   2 *Der Embryo füllt das Ei fast aus. Sein Dottersack ist von Blutgefäßen überzogen und versorgt ihn mit Nahrung.*
   3 *Bis der Dottervorrat ganz verbraucht ist, trägt auch die geschlüpfte Larve einen Dottersack. Statt Einzelflossen hat sie einen Flossensaum.*
   4 *Der Jungfisch ähnelt nun einem erwachsenen Fisch und ernährt sich von kleinen Insektenlarven, Krebsen etc..*

2. Vergleiche Forelle und Scholle a) nach dem Schlupf,
   b) als Jungfisch.

   a) Die Larven von Forelle und Scholle ähneln sich in der Körperform, dem durchgehenden Flossensaum und dem Besitz eines Dottersacks.
   b) Die Jungfische haben verschiedene Gestalten:
   Die Forelle ist stromlinienförmig mit 8 einzelnen Flossen.
   Die Scholle ist platt, hat rechts und links einen Flossensaum, die Augen auf der Oberseite und Kiemendekkel und Brustflossen auf der Ober- und Unterseite.

3. Beschreibe, auf welche Weise der Unterschied zwischen der Form einer Scholle und der einer Forelle zustande kommt.

   Aus der Entwicklung ersieht man, daß die Scholle eigentlich auf der Seite liegt. In den letzten Larvenstadien und im ersten Bodenstadium ist sie umgekippt, und das untere Auge ist auf die Oberseite gewandert.

4. Warum hat die Scholle diese Form?

   Die Scholle lebt am Meeresboden, schmiegt sich an ihn an und wühlt sich oberflächlich in den Sand ein. So ist sie hervorragend getarnt.

ISBN 3-12-030930-3

Vom Ei zum Jungfisch

Bearbeite folgende Aufgaben in deinem Heft:

1. Beschreibe die Entwicklungsstadien einer Forelle.

2. Vergleiche Forelle und Scholle a) nach dem Schlupf,
   b) als Jungfisch.

3. Beschreibe, auf welche Weise der Unterschied zwischen der Form einer Scholle und der einer Forelle zustande kommt.

4. Warum hat die Scholle diese Form?

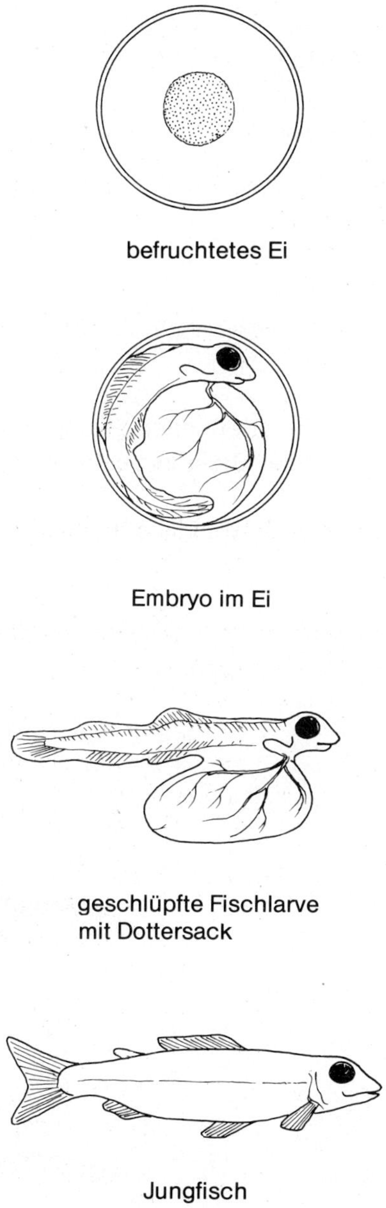

Entwicklung der Forelle

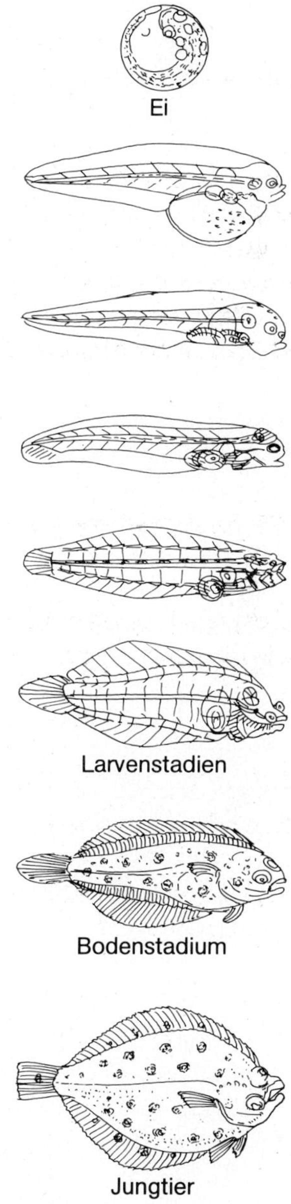

Entwicklung der Scholle

ISBN 3-12-030930-3

Wie kommen Aale in den Bodensee?

1. Kreuze auf der nachfolgenden Karte die Position des Forschungsschiffes WEGA an.

2. In der folgenden Tabelle findest du Angaben zu den Entwicklungsstadien des Aals. Setze in die kleinen Abbildungen auf dieser Seite unten die richtigen Bezeichnungen ein.

Name der Form	Größe	Alter
Dotterlarve	bis 6 mm	bis 1 Monat
Junglarve	bis 15 mm	bis 1 Jahr
Weidenblattlarve	bis 75 mm	bis 3 Jahre
Glasaal	65 cm	4 Jahre
Steigaal	bis 50 cm	bis 8 Jahre
Gelbaal	0,3 – 1,5 m	bis 10 Jahre
Blankaal	0,3 – 1,5 m	bis 11 Jahre

Entwicklungsstadien des Aals

3. Bestimmte Aalstadien wurden von Fischereibiologen immer nur in bestimmten Bereichen gefangen. Schneide die kleinen Abbildungen auf dieser Seite unten aus und klebe sie an der richtigen Stelle in die Karte ein.

4. Zeichne mit rotem Farbstift den Weg eines Bodensee-Aals während seiner Entwicklung in die Karte ein, mit grünem Stift seinen Weg zum Laichplatz.

5. Zeichne mit blauen Pfeilen den Verlauf des Golfstromes in die Karte ein und überlege seinen Einfluß auf die Wanderung der Aale.

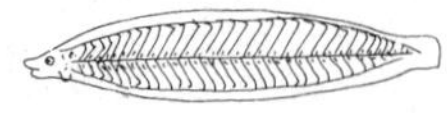

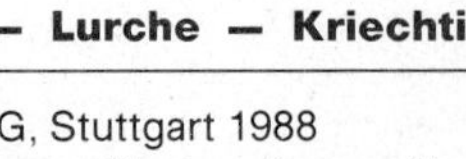

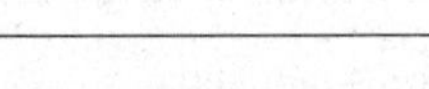

ISBN 3-12-030930-3

Das Wunder in der Sargasso-See

28. März, Sargasso-See, Forschungsschiff WEGA

Jochen Behrend ist enttäuscht. Schon seit sieben Tagen nur Wasser, Wasser!
Dabei waren die ersten vier Tage ungeheuer interessant. Jochen untersuchte jeden Winkel des Forschungsschiffes WEGA, schaute den Forschern im Labor über die Schultern, ließ sich vom Maschinisten die Motoren erklären und stand sogar bei Kapitän Jensen auf der Brücke.
Aber dann kam die Langeweile. Es geschah einfach nichts — und alles hatte so spannend begonnen!
Vor vierzehn Tagen bekam Jochens Vater, der als Professor an einer Universität arbeitet, eine Einladung zu einer Forschungsreise in die Sargasso-See. Aale sollten dort beobachtet werden.
Jochens Vater ließ sich diese einmalige Gelegenheit natürlich nicht entgehen. Es gab aber eine Schwierigkeit: Jochen mußte mit! Denn seit dem Tod der Mutter vor zwei Jahren lebten beide allein. Für Prof. Behrend war es daher auch gar nicht so schwierig, die Mitreise des Sohnes zu erreichen. Zum Glück standen die Osterferien vor der Tür.
Mit dem Flugzeug gings von Frankfurt aus zuerst nach Baltimore an der amerikanischen Westküste, von dort aus per Flugzeug weiter nach Hamilton Island, der größten Insel der Bermudas. Dort wartete schon die WEGA, die sie dann an Bord nahm.
Nach knapp zwei Tagen gemütlicher Schiffsreise war die Sargasso-See südlich der Bermudas erreicht. Hier sollte dann das Wunder beobachtet werden!

30. März, Sargasso-See, Forschungsschiff WEGA

Hoffentlich wird's nicht wieder so ein langweiliger Tag!
Schon um vier Uhr tauchte Prof. Behrend mit zwei weiteren Forschern in einem Tauchboot in eine Tiefe von etwa 400 m. Gegen acht Uhr erschienen dann die ersten Bilder aus der Tiefe auf dem Großbildschirm im Labor.
Jochen sah nur trübes Wasser und eine unergründliche Tiefe und Finsternis, die von den Scheinwerfern des Tauchbootes erleuchtet wurde. Da Jochen an solch eintönigen Bildern kein Interesse hatte, verzog er sich bald wieder mit einem Buch in seine Kabine.
„Aale, sie kommen!" laut schallt der Ruf aus dem Labor. Plötzlich ist jeder an Bord in heller Aufregung. Einige Besatzungsmitglieder rennen zum Labor, Jochen folgt ihnen.
Auf dem Bildschirm sieht man Aale — nur wenige Tiere oder kleine Schwärme. Die blanken, dunkel grünlichen Leiber mit den weißlichen Bauchseiten bewegen sich schlangengleich durchs Wasser. Deutlich sieht man den breiten Flossensaum, der sich vom Rücken über den Schwanz bis zum Bauch hin zieht.
Die Schwärme werden größer, die etwa 1,50 m langen Weibchen vorneweg, die nur etwa 60 cm langen Männchen im Gefolge. Leib an Leib schwimmen sie nun an dem Tauchboot vorbei. Obwohl sie die Helligkeit scheuen, nehmen sie jetzt keine Notiz von den grellen Scheinwerfern.
Jochen schaut wie gebannt auf den Bildschirm. Die Aale stellen nur noch eine wogende Masse dar, einzelne Tiere sind fast nicht mehr zu unterscheiden. Die Forscher versuchen stichprobenartig zu zählen, es ist fast unmöglich — es werden einige Zehntausende sein.
Jochen kann alles nicht fassen. Bis vor wenigen Stunden war kein einziges Tier zu sehen, und jetzt kann man sie nicht mehr zählen. Weiterhin schwimmt Aal an Aal vorbei, folgt unbeirrt einem bestimmten Ziel.
„Ja, mein Junge, so ist es jedes Jahr. Wie ein Wunder, und fast immer zur gleichen Zeit", meint einer der beiden Forscher.
„Toll, aber ich verstehe das nicht, wieso . . . stammelt Jochen. Der Forscher widmet sich aber wieder mit aller Konzentration seiner Arbeit und hat keine Zeit mehr für den Jungen.

ISBN 3-12-030930-3

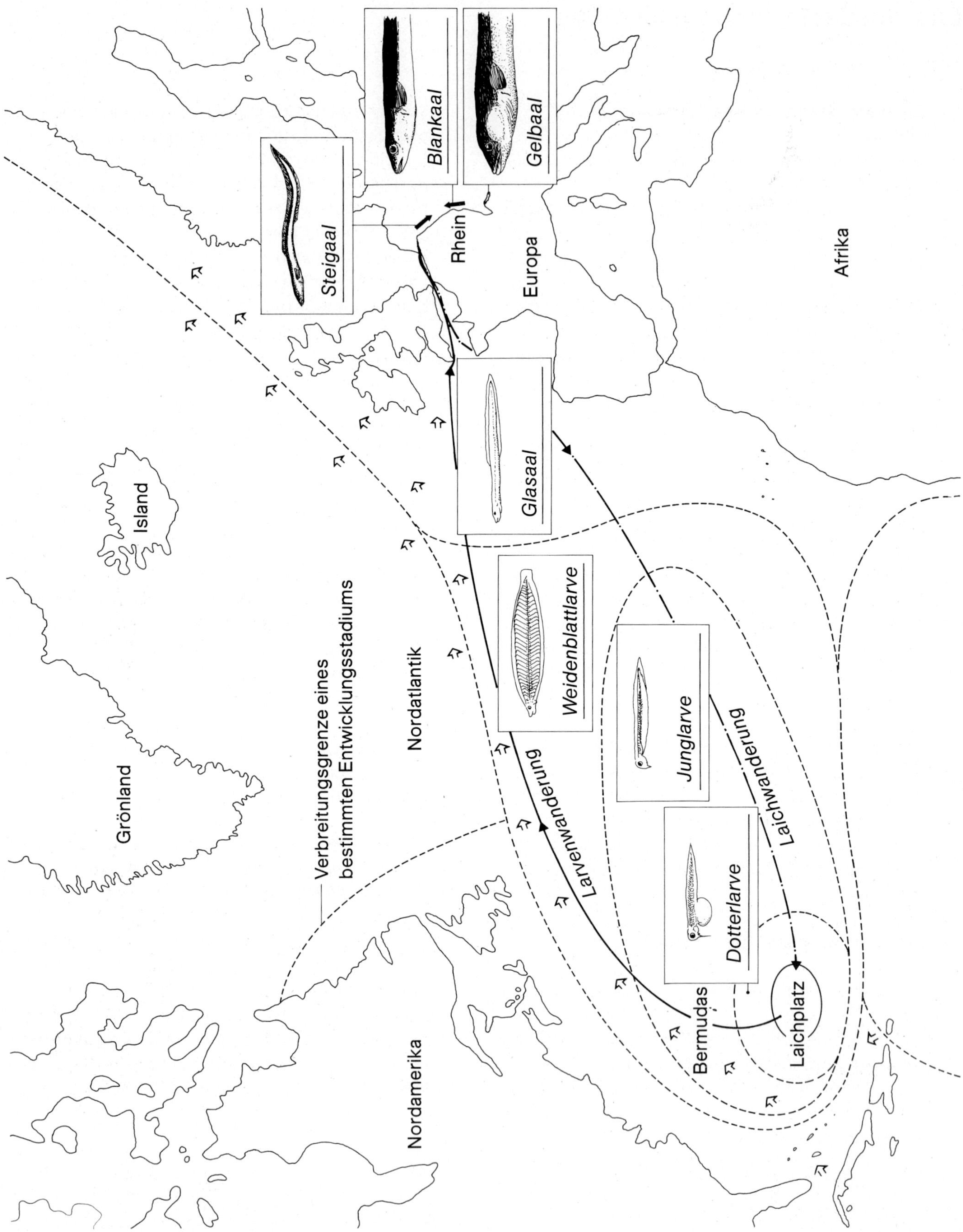

ISBN 3-12-030930-3

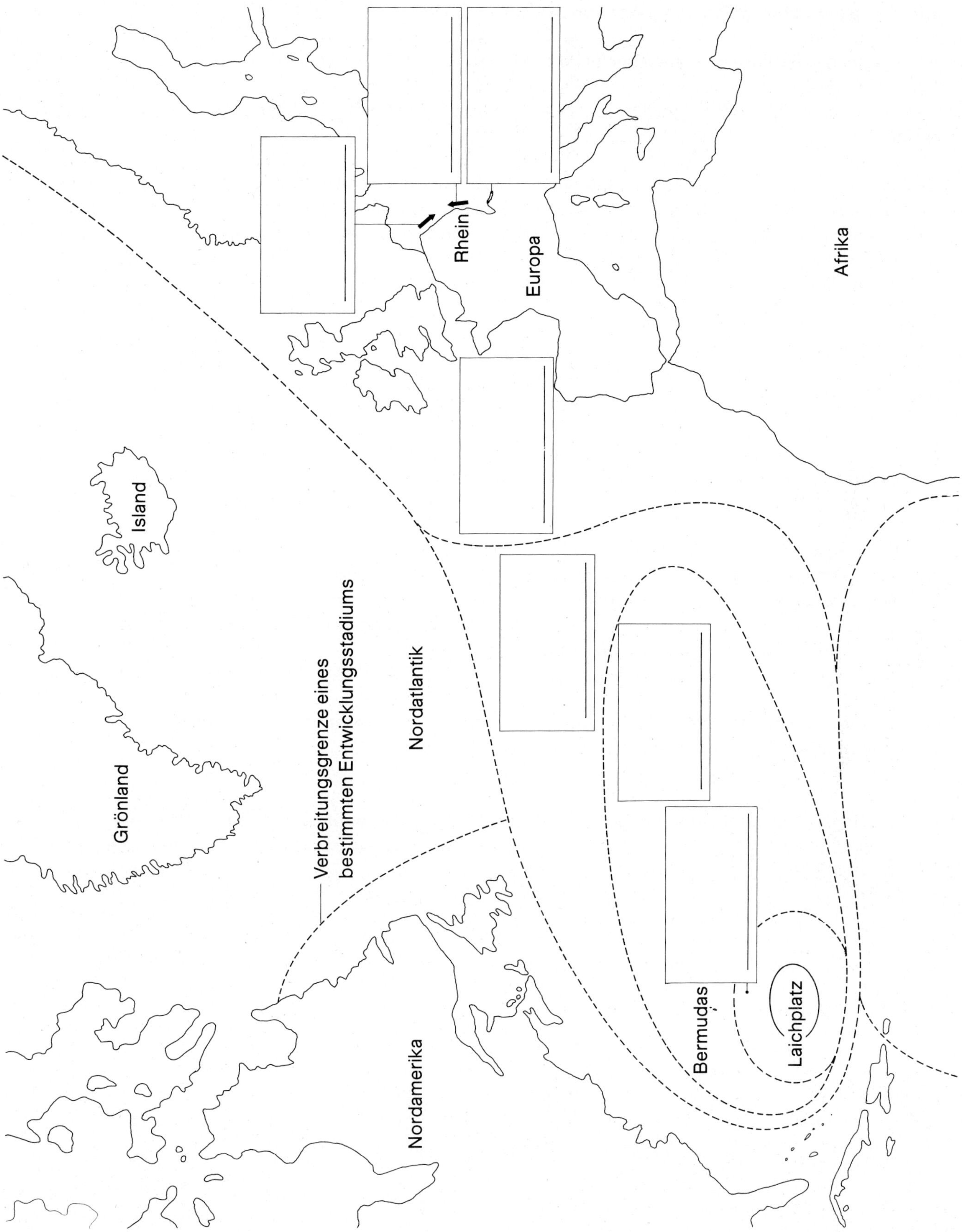

 ISBN 3-12-030930-3

1. Beschrifte den richtigen Pfeil mit „Laichwanderung".
2. Welche Bedeutung hat eine Staumauer für einen Lachs, welche für einen Aal?
3. Welches natürliche Verhalten hilft dem Lachs, einen Staudamm bei entsprechenden Baumaßnahmen zu überwinden?
4. Lachse, die an einer Staumauer nicht weiterkamen, wichen nie auf einen Nebenfluß aus, es sei denn, ihnen wurden die Nasenlöcher verstopft. Streifte man den Lachsen im Hauptfluß den Laich ab, zog die Brut auf und setzte sie im oberen Teil des Nebenflusses wieder aus, so kehrten diese Fische immer wieder zum Laichen in den Nebenfluß zurück.
   Welche Schlußfolgerungen lassen die beiden Beobachtungen zu?

Zu 1.: Der untere Pfeil muß die Bezeichnung „Laichwanderung" tragen.

Zu 2.: Kann ein Lachs ein Wehr durch Springen nicht überwinden, so ist der Zugang zu seinem einzig möglichen Laichplatz versperrt, und die Lachse dieses Gewässers sterben aus.
Aale versuchen, auch solche Hindernisse zu überwinden, indem sie in Regennächten über Land gehen. Gelingt das nicht, ist ihre Verbreitung auf den unterhalb des Hindernisses liegenden Teil des Gewässers beschränkt — die Art ist jedoch nicht gefährdet.

Zu 3.: Eine Lachstreppe hilft bei großen Wehren, Schleusen oder Staudämmen. Mit ihrer Hilfe kann der Lachs das Hindernis in mehreren kleinen Sprüngen überwinden.

Zu 4.: Die Beobachtungen zeigen, daß Lachse den Quellfluß, in dem sie aufgewachsen sind, am Geruch erkennen und immer wieder dorthin zurückkehren (der Atlantische Lachs wandert in seinem Leben bis zu viermal stromauf).

ISBN 3-12-030930-3

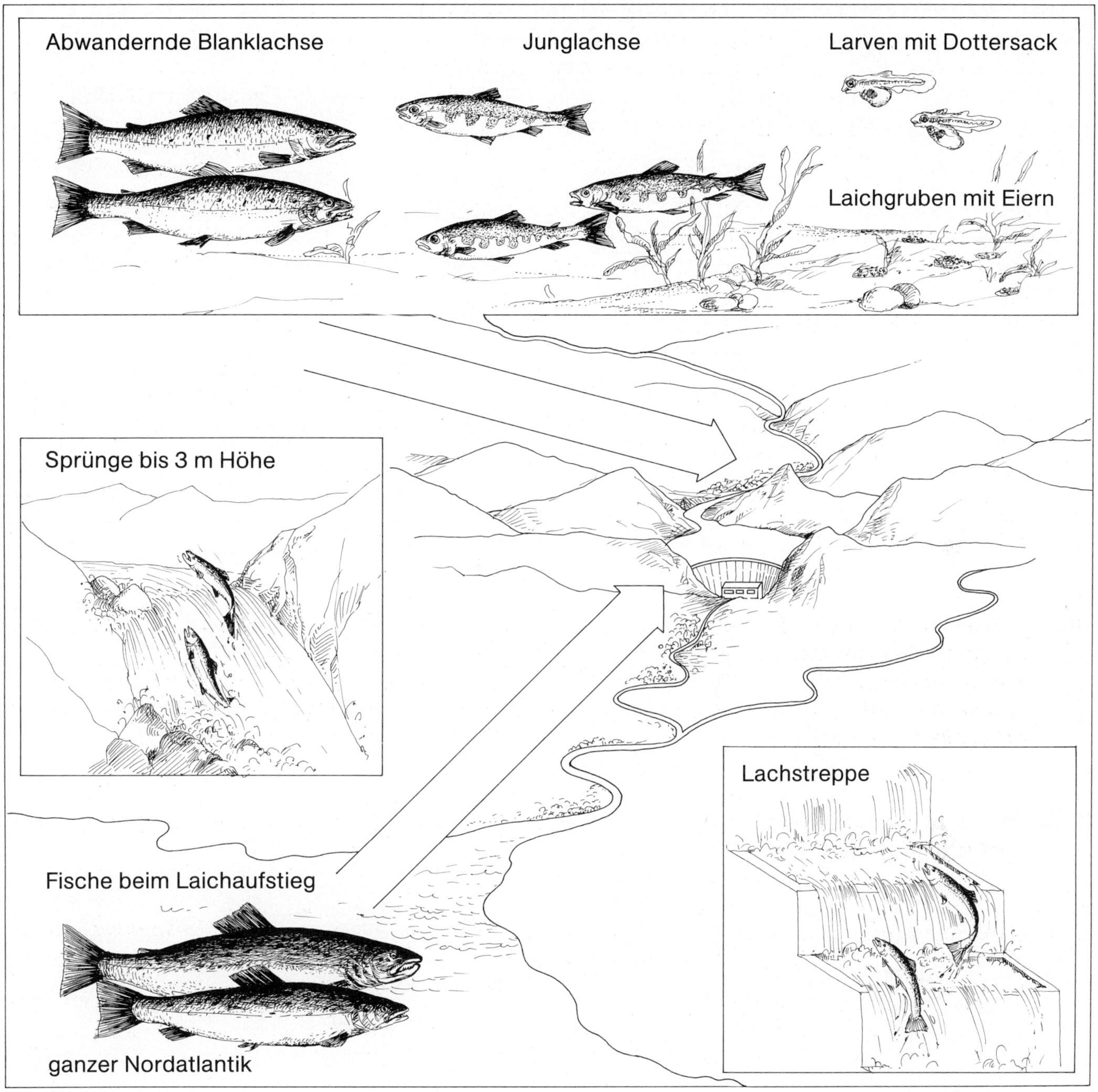

1. Beschrifte den richtigen Pfeil mit „Laichwanderung".
2. Welche Bedeutung hat eine Staumauer für einen Lachs, welche für einen Aal?
3. Welches natürliche Verhalten hilft dem Lachs, einen Staudamm bei entsprechenden Baumaßnahmen zu überwinden?
4. Lachse, die an einer Staumauer nicht weiterkamen, wichen nie auf einen Nebenfluß aus, es sei denn, ihnen wurden die Nasenlöcher verstopft. Streifte man den Lachsen im Hauptfluß den Laich ab, zog die Brut auf und setzte sie im oberen Teil des Nebenflusses wieder aus, so kehrten diese Fische immer wieder zum Laichen in den Nebenfluß zurück.
   Welche Schlußfolgerungen lassen die beiden Beobachtungen zu?

ISBN 3-12-030930-3

Von der Quelle bis zur Mündung ändert ein Fluß laufend sein Gesicht. Deswegen kommen viele Fische nur in einem bestimmten Bereich des Flusses vor und kennzeichen den jeweiligen Lebensraum.

1. Beschreibe den Fluß in den einzelnen Fischregionen und damit die Ansprüche der Fische an ihre Umwelt.

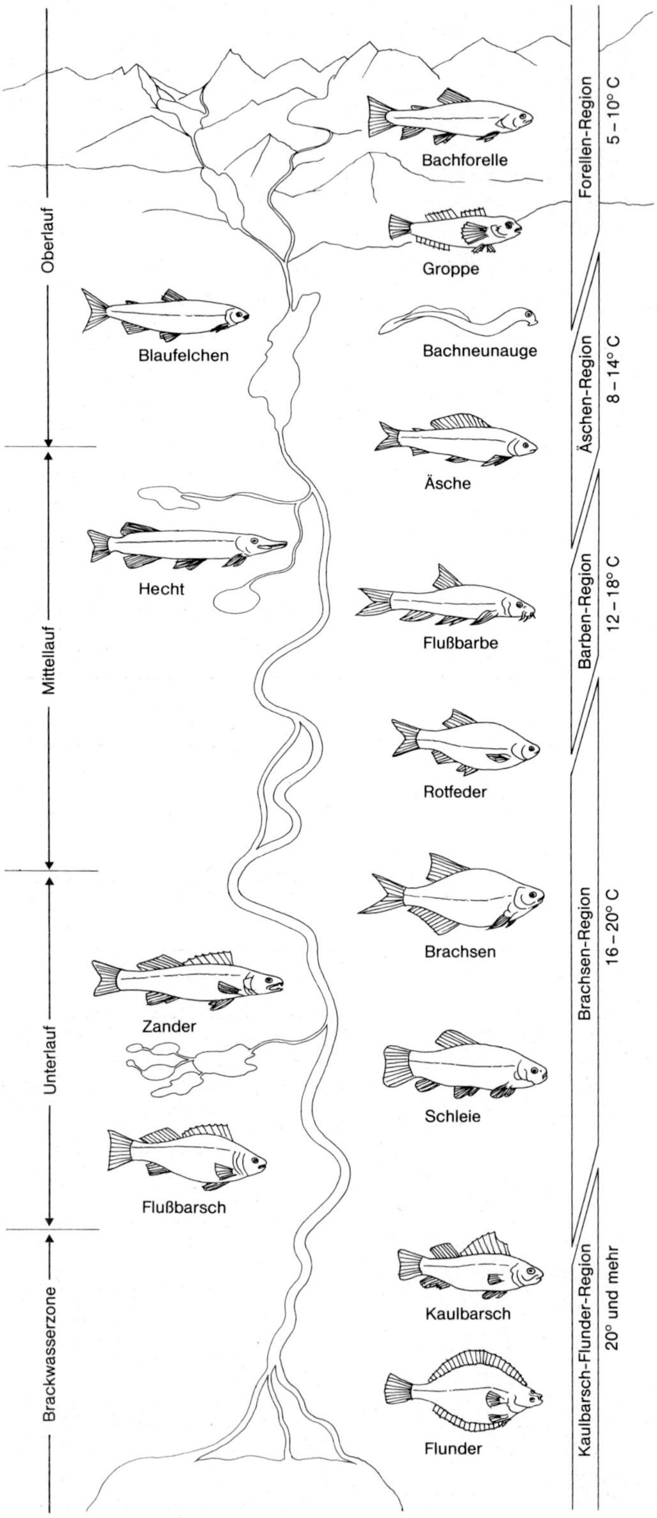

a *sehr kaltes, klares, von Luft durchwirbeltes Wasser; Wasser fließt sehr schnell; Stein- und Kiesgrund; selten Wasserpflanzen*

b *kaltes, sauerstoffreiches Wasser; steile Ufer, schneller Lauf; Kies- und Sandgrund; wenig Wasserpflanzen*

c *kühles, sauberes Wasser; flache Ufer, ruhiger Lauf; Sand- oder Schlammgrund; in Buchten Pflanzenwuchs*

d *mäßig warmes Wasser; breiter, träger Lauf, große Windungen, Altwasser; viel Schlammgrund; in Stillwässern üppiger Pflanzenwuchs*

e *warmes, trübes Wasser, zeitweise sauerstoffarm; Fluß sehr breit; z. T. Einfluß von Ebbe und Flut, von der Küste her dringt Meerwasser ein, Brackwasser*

ISBN 3-12-030930-3

Von der Quelle bis zur Mündung ändert ein Fluß laufend sein Gesicht. Deswegen kommen viele Fische nur in einem bestimmten Bereich des Flusses vor und kennzeichen den jeweiligen Lebensraum.

1. Beschreibe den Fluß in den einzelnen Fischregionen und damit die Ansprüche der Fische an ihre Umwelt.

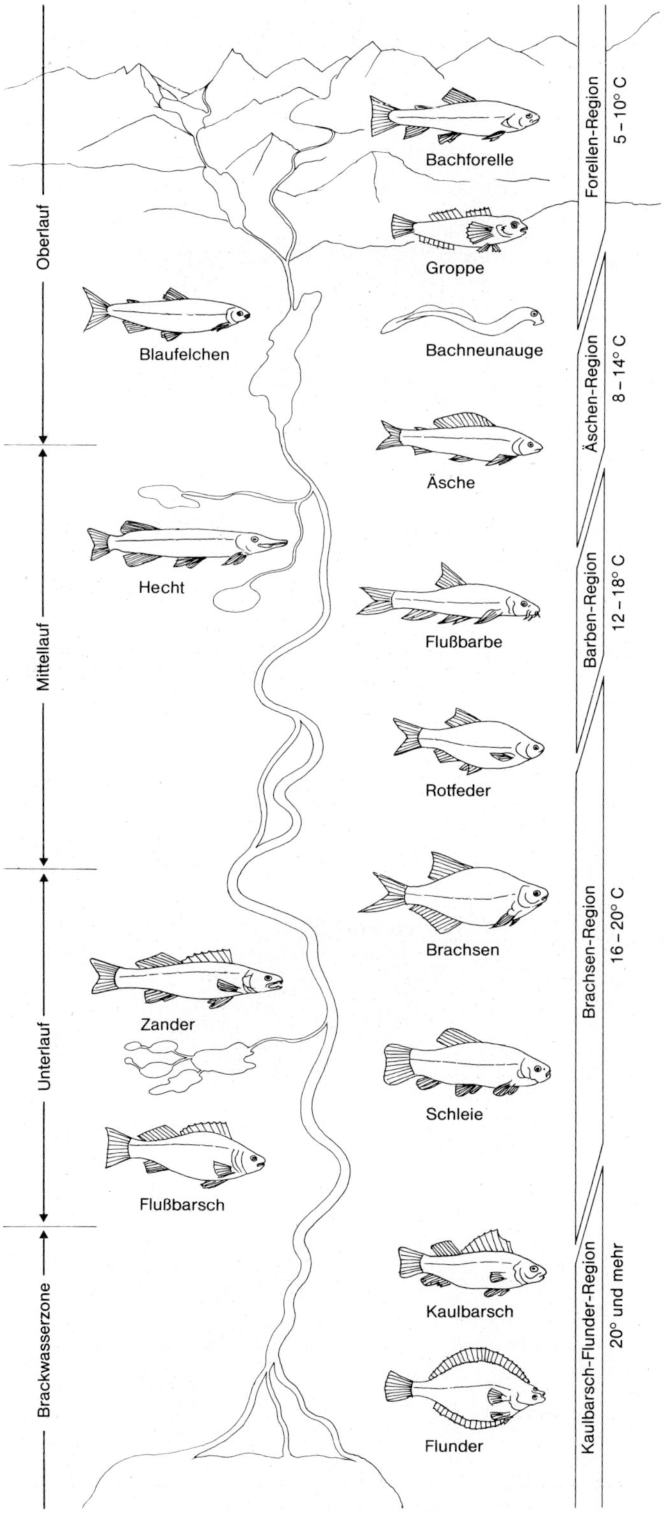

a

b

c

d

e

 ISBN 3-12-030930-3

1. Auf der Zeichnung siehst du einige heimische Süßwasserfische. Welche Beschreibung paßt zu welchem Fisch?

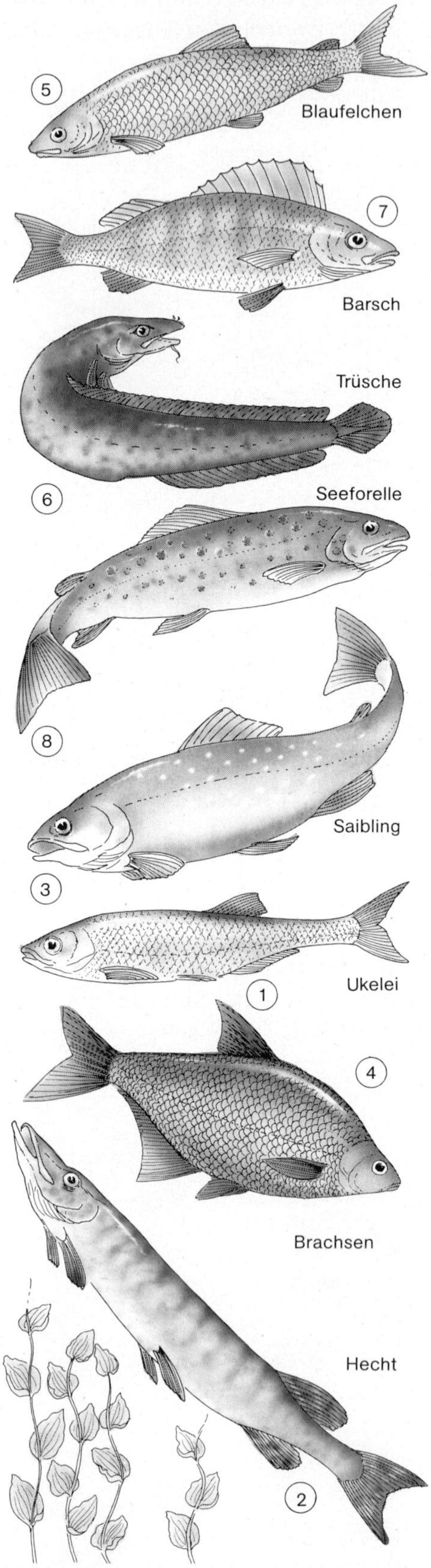

(1) schlank, Maul oberständig, 20 cm; Schwarmfisch in Ufernähe; frißt Kleintiere der Oberfläche, auch darüberfliegende Insekten; laicht an flachen, steinigen Ufern

(2) walzenförmig, Flossen weit hinten, Maul groß, flach, schnabelförmig, 1 m; lauert zwischen Pflanzen des Uferbereichs auf Fische und kleine Wirbeltiere; laicht zwischen Pflanzen

(3) schlank, mit Fettflosse, Kopf spitz, erwachsen 70 cm; laicht im See; Jungfische fressen Insektenlarven und Jungfische des Freiwassers; mit 45 cm Länge wandern sie ins Meer

(4) hochrückig, Rücken dunkel, Bauch weiß, 70 cm; gründelt in flachen, langsamen Gewässern zwischen Pflanzen nach Würmern, Krebsen etc.; zur Laichzeit dort als Schwarmfisch

(5) etwas seitlich zusammengedrückt, mit Fettflosse, Rücken oft bläulich, 30 cm; Schwarmfisch im Freiwasser; frißt tierisches Plankton; Brut lebt in großen Seetiefen

(6) walzenförmig, Kopf breit und platt, Rücken- und Afterflosse saumartig, 60 cm; jagt Fische des tiefen Seegrunds; laicht dort

(7) etwas hochrückig, zwei Rückenflossen, erste stachelig, 40 cm; frißt kleine Fische im flachen Wasser; laicht in Ufernähe

(8) schlank, mit Fettflosse, Kopf rund, 80 cm; Raubfisch, jagt kleine Fische im freien Wasser; steigt zum Laichen in den Quellbereich der Bäche auf

ISBN 3-12-030930-3

1. Auf der Zeichnung siehst du einige heimische Süßwasserfische. Welche Beschreibung paßt zu welchem Fisch?

① schlank, Maul oberständig, 20 cm; Schwarmfisch in Ufernähe; frißt Kleintiere der Oberfläche, auch darüberfliegende Insekten; laicht an flachen, steinigen Ufern

② walzenförmig, Flossen weit hinten, Maul groß, flach, schnabelförmig, 1 m; lauert zwischen Pflanzen des Uferbereichs auf Fische und kleine Wirbeltiere; laicht zwischen Pflanzen

③ schlank, mit Fettflosse, Kopf spitz, erwachsen 70 cm; laicht im See; Jungfische fressen Insektenlarven und Jungfische des Freiwassers; mit 45 cm Länge wandern sie ins Meer

④ hochrückig, Rücken dunkel, Bauch weiß, 70 cm; gründelt in flachen, langsamen Gewässern zwischen Pflanzen nach Würmern, Krebsen etc.; zur Laichzeit dort als Schwarmfisch

⑤ etwas seitlich zusammengedrückt, mit Fettflosse, Rücken oft bläulich, 30 cm; Schwarmfisch im Freiwasser; frißt tierisches Plankton; Brut lebt in großen Seetiefen

⑥ walzenförmig, Kopf breit und platt, Rücken- und Afterflosse saumartig, 60 cm; jagt Fische des tiefen Seegrunds; laicht dort

⑦ etwas hochrückig, zwei Rückenflossen, erste stachelig, 40 cm; frißt kleine Fische im flachen Wasser; laicht in Ufernähe

⑧ schlank, mit Fettflosse, Kopf rund, 80 cm; Raubfisch, jagt kleine Fische im freien Wasser; steigt zum Laichen in den Quellbereich der Bäche auf

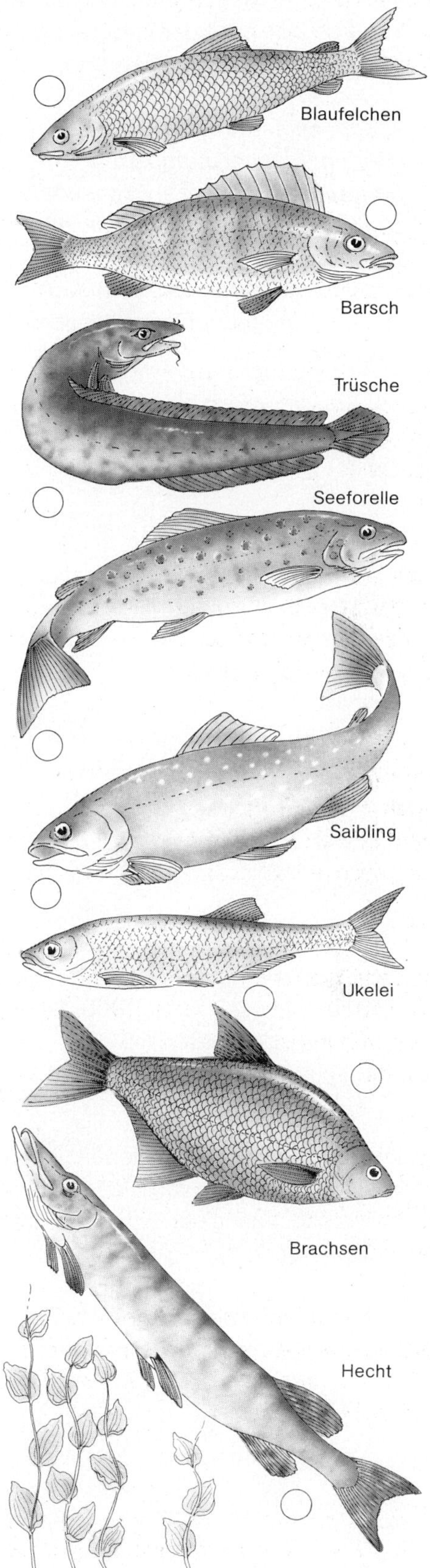

 ISBN 3-12-030930-3

1. Die Vielfalt der Heringsgerichte beweist, wie wichtig der Fisch als Nahrungsmittel für die Küstenbevölkerung war. Erkundige dich nach der Zubereitung folgender Gerichte: Heringsstipp, Grüner Hering, Matjeshering, Bismarck-Hering, Bückling, Brathering, Rollmops.

— *Heringsstipp: Filetstücke in Marinade*
Grüner Hering: frischer Junghering
Matjeshering: frischer, fast erwachsener Hering
Bismarck-Hering: entgrätet, in Essig eingelegt
Bückling: geräuchert
Brathering: gebraten, in Essig eingelegt
Rollmops: um Gurken und Zwiebeln gerollte Filets in Essig

2. Zeichne ein Säulendiagramm zu den Fangergebnissen des Herings in den Jahren 1955 bis 1975. Vergleiche die Mengen der angegebenen Jahre.

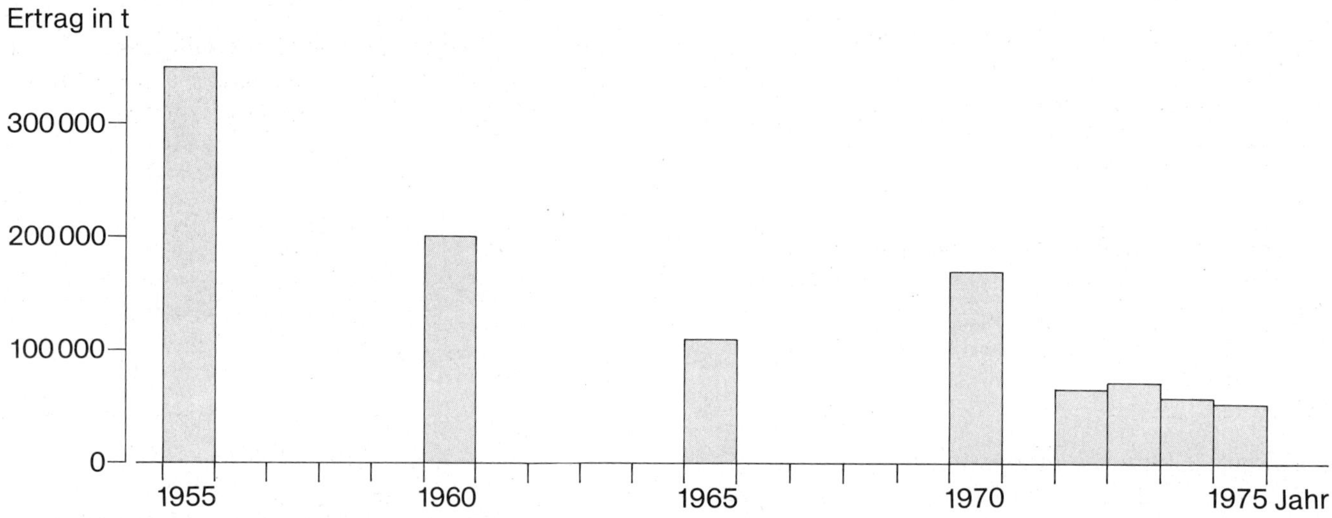

Zwischen 1955 und 1975 stetiger Rückgang der Fangergebnisse, besonders um das Jahr 1971

3. Nach Meinung von Fischereibiologen gehen die schlechter werdenden Fangergebnisse auf die stetig verbesserten Fangmethoden zurück. Erkläre, warum insbesondere die Echolotortung und die Benutzung von Ringwaden für den Rückgang der Erträge verantwortlich gemacht werden. Vergleiche hierzu die ältere Schlepp- und Treibnetzfischerei.

— *Das Echolot erlaubt eine sehr gezielte Befischung aller Schwärme. Die Ringwade hebt einen Schwarm fast vollständig aus. Insgesamt kam es zu einer Überfischung, d. h. es blieben zu wenig Fische zum Ablaichen übrig.*

 ISBN 3-12-030930-3

____

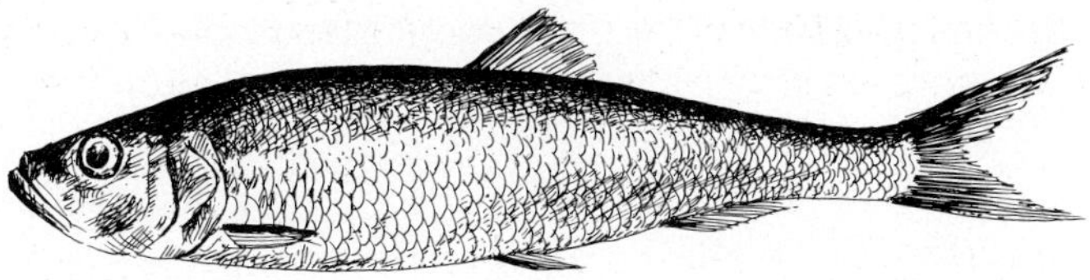

Steckbrief des Herings:

Länge 30 cm, spindelförmig, kleine Flossen, Maul schräg nach oben, Planktonfresser, Schwarmfisch, Hauptlaichgebiete: rund um die Nordsee

1. Die Vielfalt der Heringsgerichte beweist, wie wichtig der Fisch als Nahrungsmittel für die Küstenbevölkerung war. Erkundige dich nach der Zubereitung folgender Gerichte: Heringsstipp, Grüner Hering, Matjeshering, Bismarck-Hering, Bückling, Brathering, Rollmops.

2. Zeichne ein Säulendiagramm zu den Fangergebnissen des Herings in den Jahren 1955 bis 1975. Vergleiche die Mengen der angegebenen Jahre.

1955	1960	1965	1970	1972	1973	1974	1975
350 000 t	200 000 t	110 000 t	170 000 t	65 000 t	71 000 t	58 000 t	53 000 t

3. Nach Meinung von Fischereibiologen gehen die schlechter werdenden Fangergebnisse auf die stetig verbesserten Fangmethoden zurück. Erkläre, warum insbesondere die Echolotortung und die Benutzung von Ringwaden für den Rückgang der Erträge verantwortlich gemacht werden. Vergleiche hierzu die ältere Schlepp- und Treibnetzfischerei.

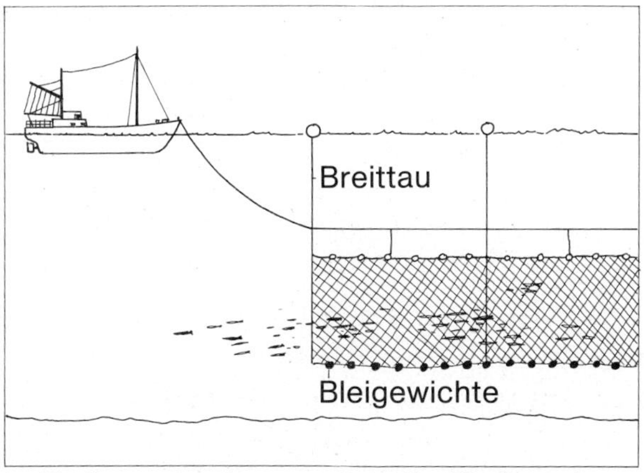

Im Treibnetz verfangen sich die Fische mit den Kiemendeckeln

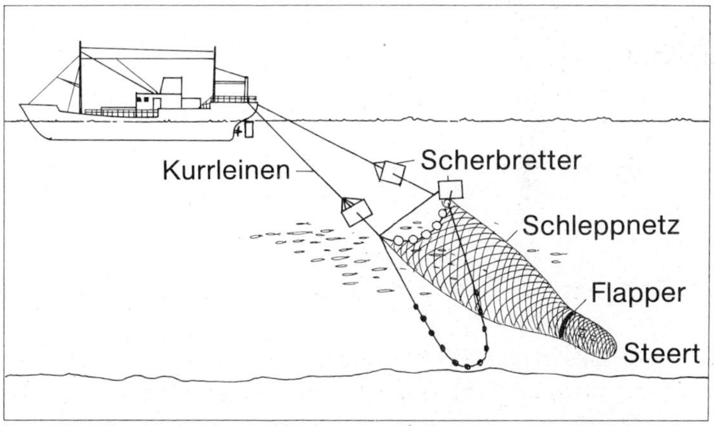

Das Schleppnetz wird kreuz und quer durch gesichtete oder mit Echolot geortete Fischschwärme gezogen

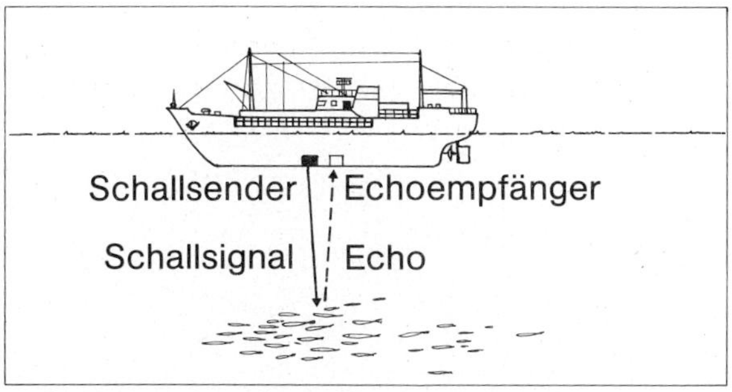

Echolotortung eines Fischschwarms

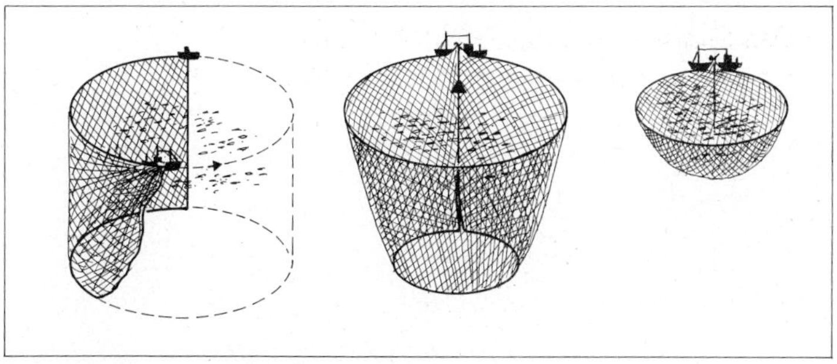

Die Benutzung der Ringwade

 ISBN 3-12-030930-3

1. Die Schelfgebiete (bis 200 m Wassertiefe) sind besonders fischreich. Welche der aufgeführten Fische werden dort, welche werden in tieferem Wasser gefangen?
2. Stelle zusammen, wo welcher Fisch gefangen wird.
3. Welcher Fisch ist am weitesten verbreitet?
4. Beschreibe, wonach sich die Verbreitung der einzelnen Fischarten richtet.
5. Erkundige dich nach den Kilopreisen der behandelten Fischarten.

Zu 1. Alle genannten Arten werden in Schelfgebieten gefangen, außer dem Rotbarsch (200—300 m Wassertiefe).

Zu 2. **Dorsch:** *Neufundland, Labrador, Grönland, Island, Färöer, Shetland-Inseln, Norwegen, Nordsee, Rockall, Irland, Kanal*
Schellfisch: *Neufundland, Grönland, Island, Färöer, Norwegen, Nordsee, Rockall*
Seelachs: *Neufundland, Island, Färöer, Norwegen, Shetland-Inseln, Rockall*
Scholle: *Island, Färöer, Norwegen, Shetland-Inseln, Nordsee, Irland, Kanal*
Hering: *Neufundland, Island, Färöer, Norwegen, Shetland-Inseln, Nordsee*
Rotbarsch: *Neufundland, Grönland, Island, Färöer, Norwegen*

Zu 3. Der Dorsch fühlt sich im ganzen Bereich wohl.

Zu 4. Schellfisch und Seelachs lieben kalte Gebiete.
Die Scholle kommt nur im östlichen Atlantik vor.
Der Hering bevorzugt mittlere Klimate (nicht ganz nördlich und südlich).
Der Rotbarsch ist überall in tieferen Gebieten zu Hause.

Zu 5. Regional und saisonal verschieden.

 ISBN 3-12-030930-3

Symbol	Name		Deutsche Anlandung 1985
□	Dorsch = Kabeljau	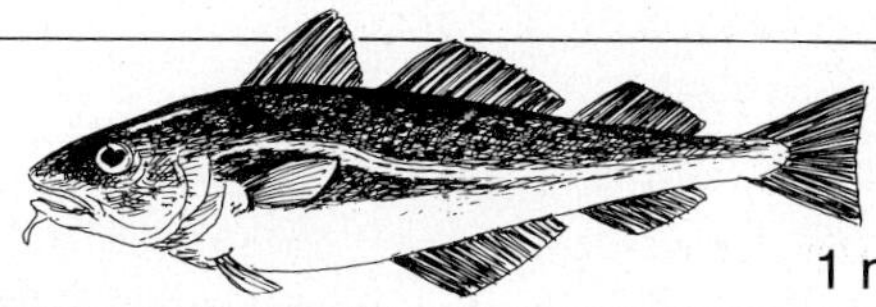 1 m	56678 t
■	Schellfisch	 1 m	1304 t
△	Köhler = Seelachs	 50 cm	24080 t
●	Scholle	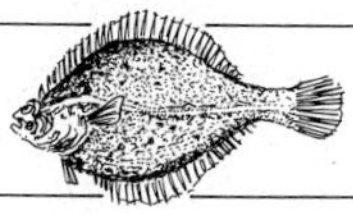 40 cm	4000 t (1975)
▲	Hering	 30 cm	23930 t
◆	Rotbarsch	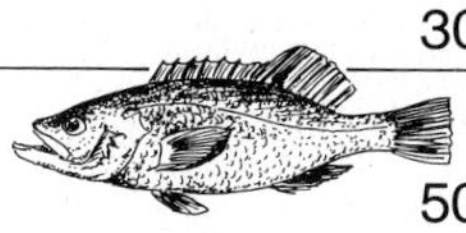 50 cm	17671 t

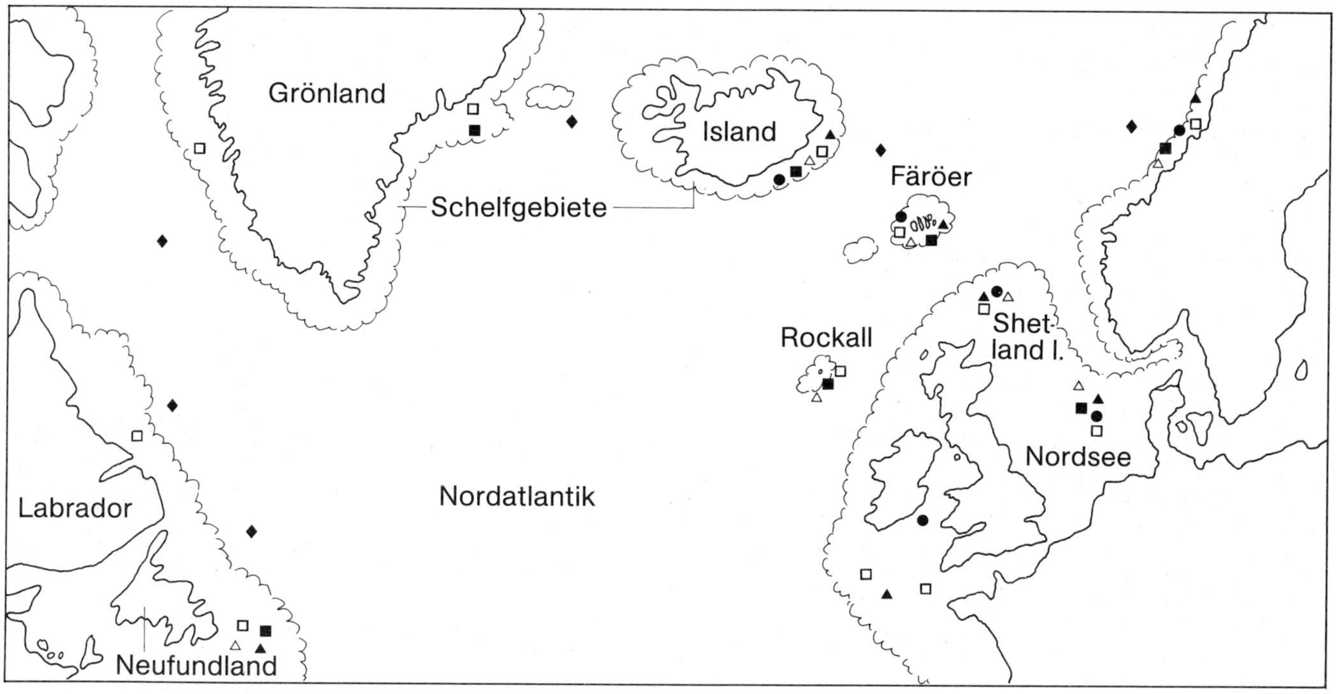

1. Die Schelfgebiete (bis 200 m Wassertiefe) sind besonders fischreich. Welche der aufgeführten Fische werden dort, welche werden in tieferem Wasser gefangen?
2. Stelle zusammen, wo welcher Fisch gefangen wird.
3. Welcher Fisch ist am weitesten verbreitet?
4. Beschreibe, wonach sich die Verbreitung der einzelnen Fischarten richtet.
5. Erkundige dich nach den Kilopreisen der behandelten Fischarten.

ISBN 3-12-030930-3

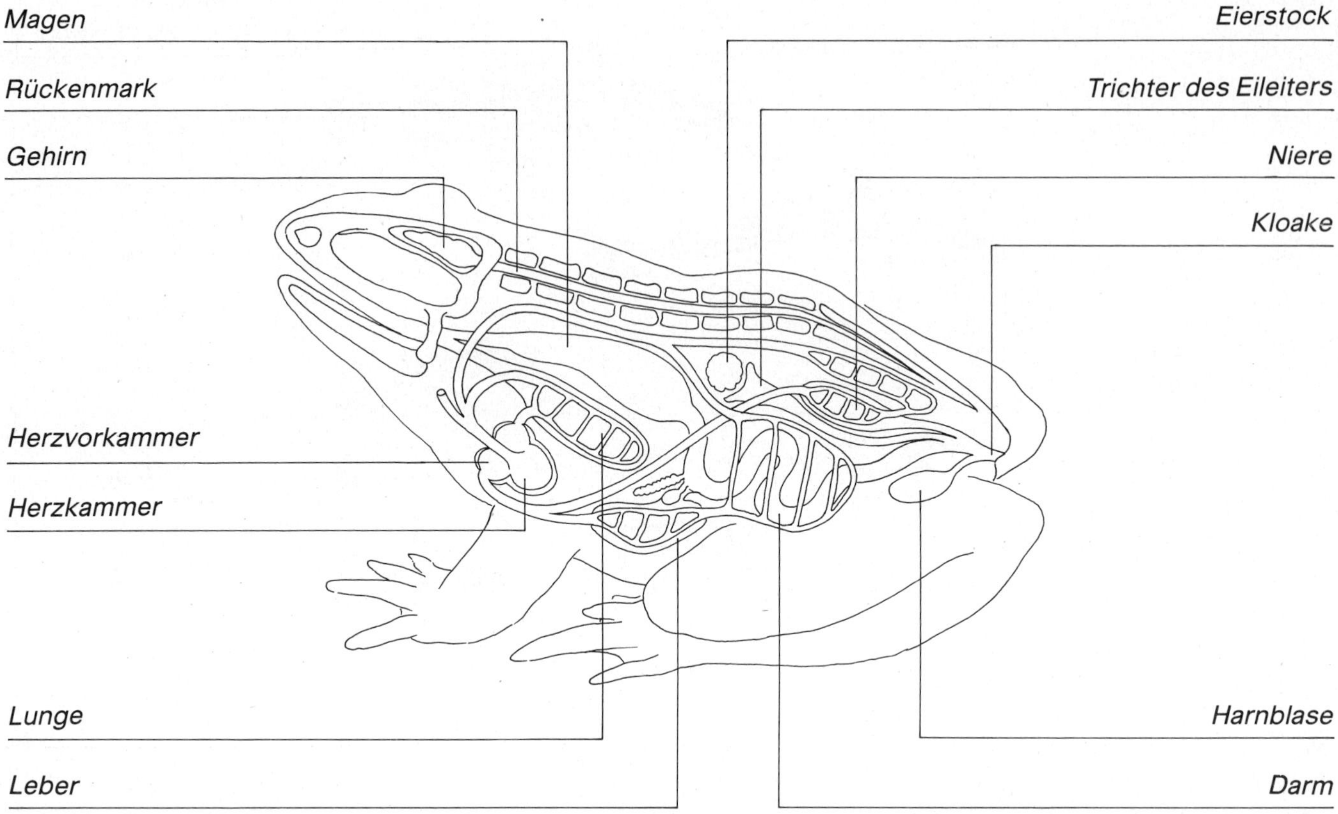

1. a) Beschrifte die Abbildungen.
   b) Lege in deinem Heft eine Liste der numerierten Knochen an.

Liste der Knochen:

1 Schädel
2 Schultergürtel
3 Wirbelsäule
4 Rippen
5 Beckengürtel
6 Oberarmknochen
7 Elle
8 Speiche
9 Handwurzelknochen
10 Mittelhandknochen
11 Fingerknochen
12 Oberschenkelknochen
13 Unterschenkelknochen
14 verlängerte Fußwurzelknochen
15 Mittelfußknochen
16 Zehenknochen

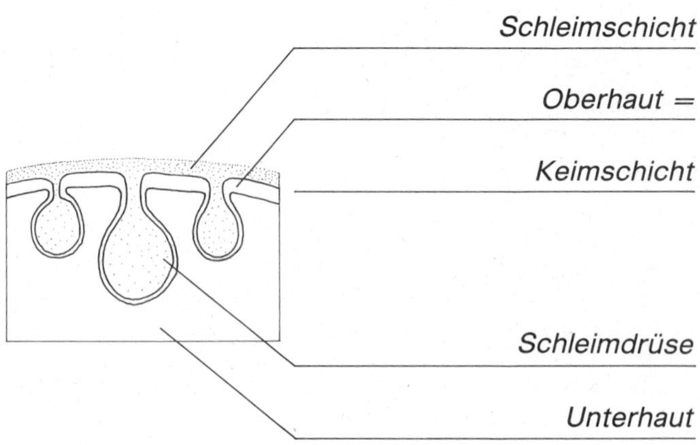

ISBN 3-12-030930-3

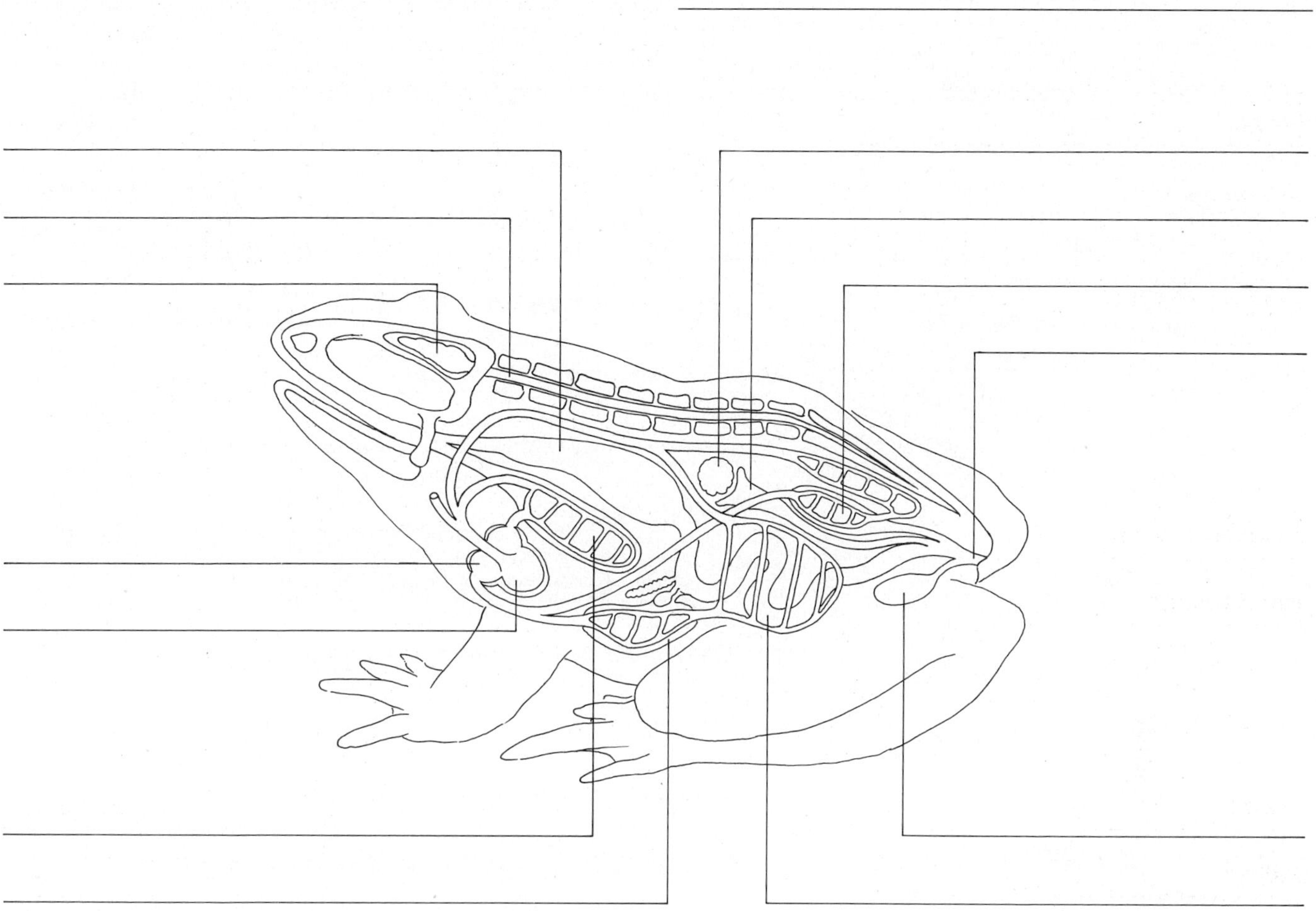

1. a) Beschrifte die Abbildungen.
   b) Lege in deinem Heft eine Liste der numerierten Knochen an.

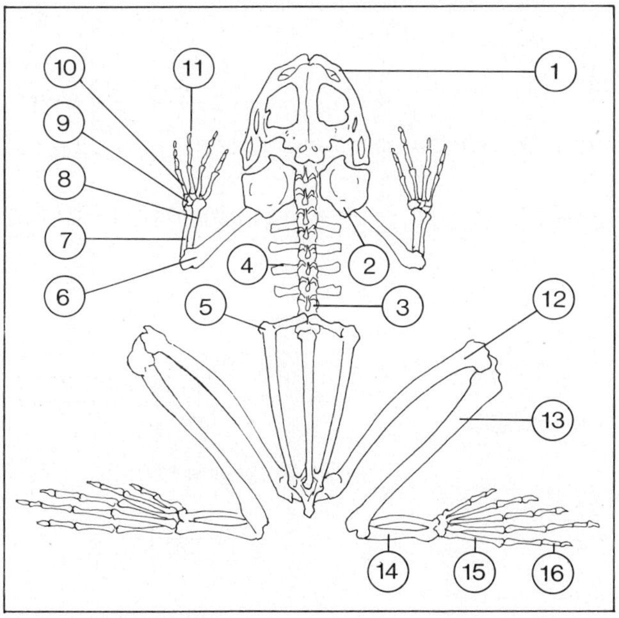

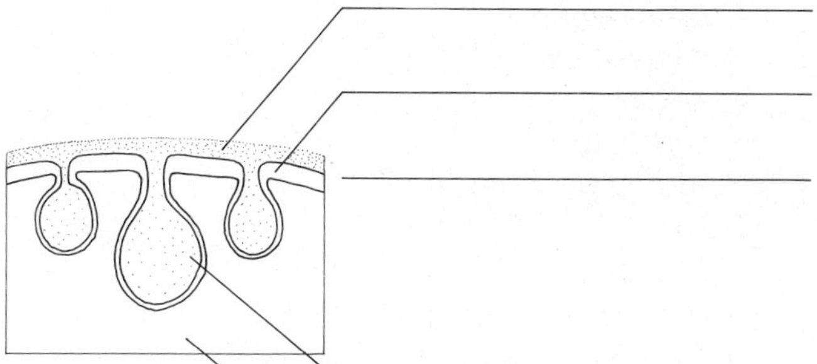

ISBN 3-12-030930-3

1. Beschreibe die einzelnen Stadien der Froschentwicklung (Atmung, Ernährung, Fortbewegung, Dauer).

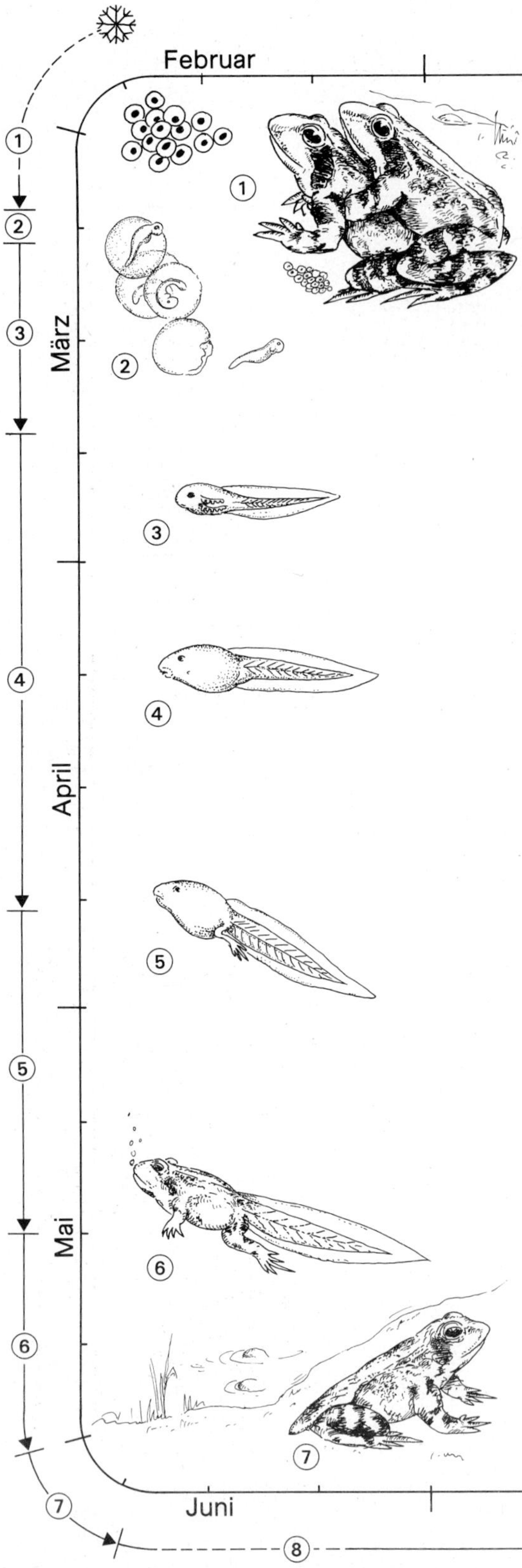

① *Eiablage beim Grasfrosch Ende Februar/Anfang März. Entwicklung im Ei 10 Tage.*

② *Larven schlüpfen aus der weichen Eihülle. Anheften an Wasserpflanzen.*

③ *Larve mit büscheligen Außenkiemen und Ruderschwanz. Noch Ernährung vom Dottervorrat. 10 Tage.*

④ *Larve nagt mit Hornleisten im Mund Pflanzenmaterial ab. Atmung mit Innenkiemen und über Haut. 4 Wochen.*

⑤ *In der 8. bis 9. Woche entwickeln sich die Hinterbeine.*

⑥ *In der 10. bis 11. Woche wachsen auch die Vorderbeine. Körper wird froschähnlicher. Kiemen bilden sich zurück.*

⑦ *Ruderschwanz bildet sich zurück. Jungfrösche verlassen Mitte Juni das Wasser. Fressen nun lebende Tiere.*

⑧ *Frösche leben in geeigneten Feuchtbiotopen. Ab Oktober Beginn der Winterruhe.*

ISBN 3-12-030930-3

____

1. Beschreibe die einzelnen Stadien der Froschentwicklung (Atmung, Ernährung, Fortbewegung, Dauer).

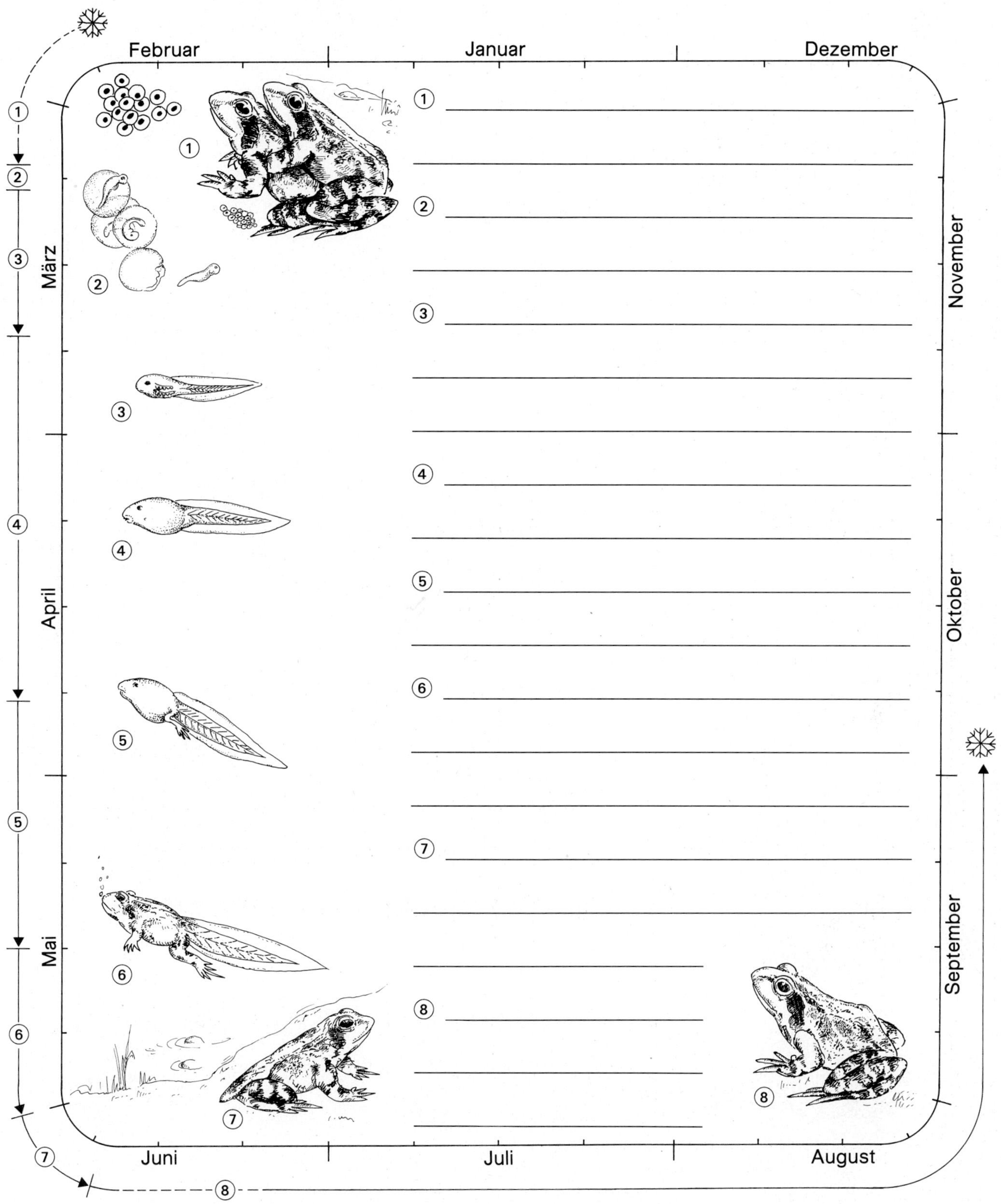

ISBN 3-12-030930-3

1. Die Abbildungen zeigen verschiedene Stadien aus der Entwicklung eines Molches vom Ei zur Larve. Leider sind die Zeichnungen durcheinander geraten. Schneide sie aus und klebe sie in der richtigen Reihenfolge in dein Heft.

ISBN 3-12-030930-3

1. Die Abbildungen zeigen verschiedene Stadien aus der Entwicklung eines Molches vom Ei zur Larve. Leider sind die Zeichnungen durcheinander geraten. Schneide sie aus und klebe sie in der richtigen Reihenfolge in dein Heft.

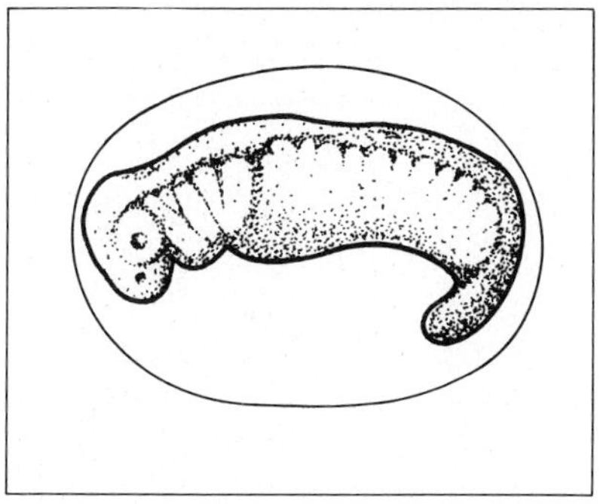
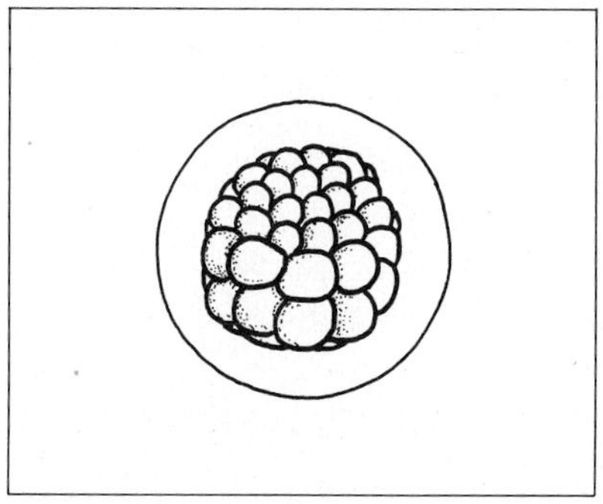
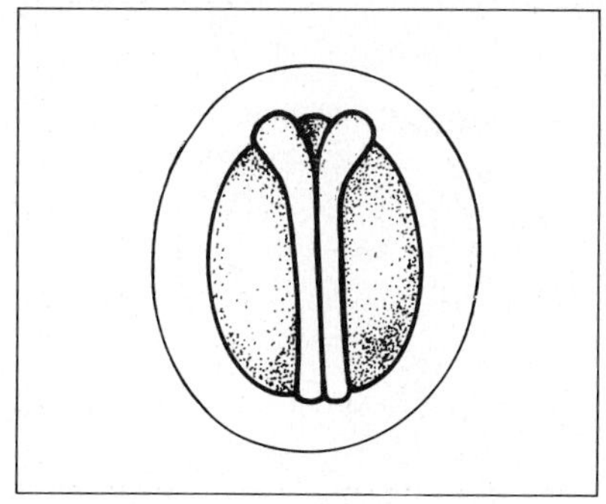
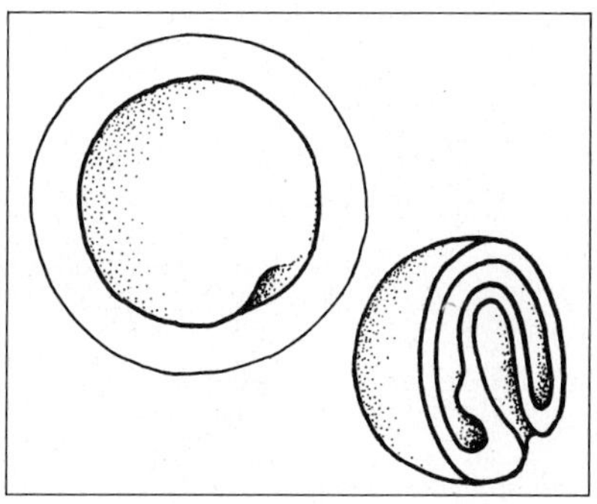
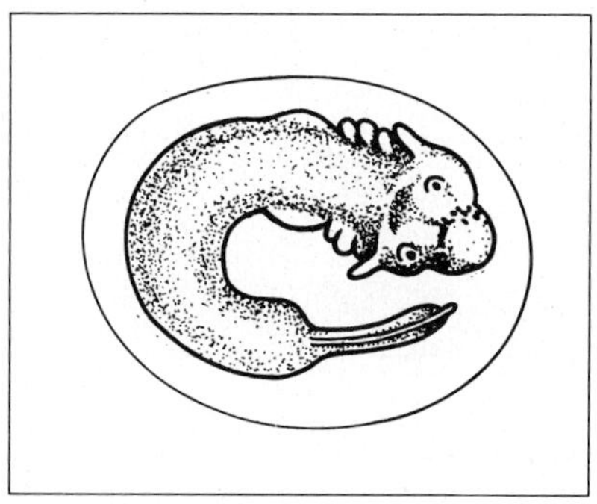
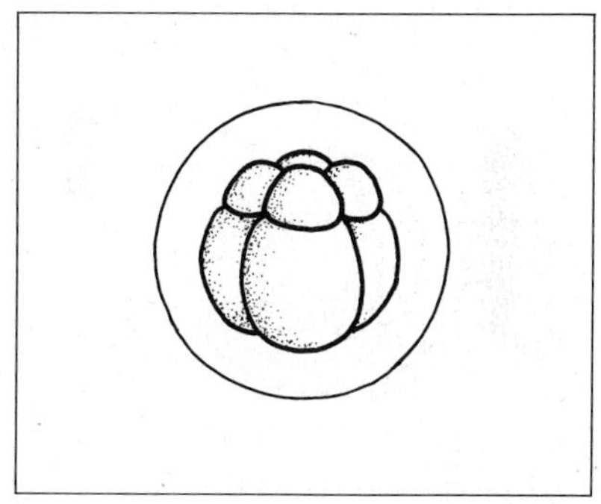
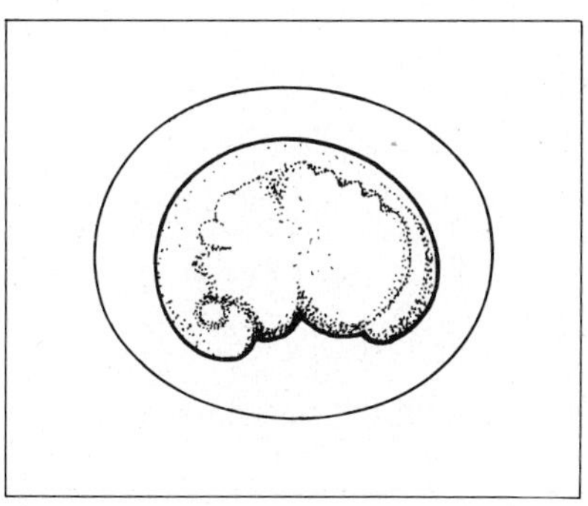
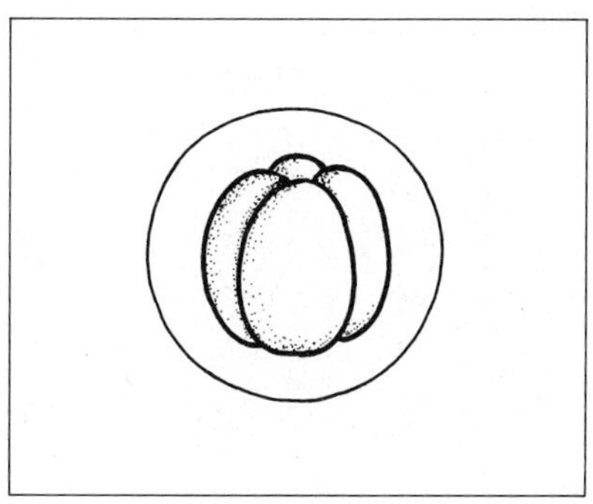
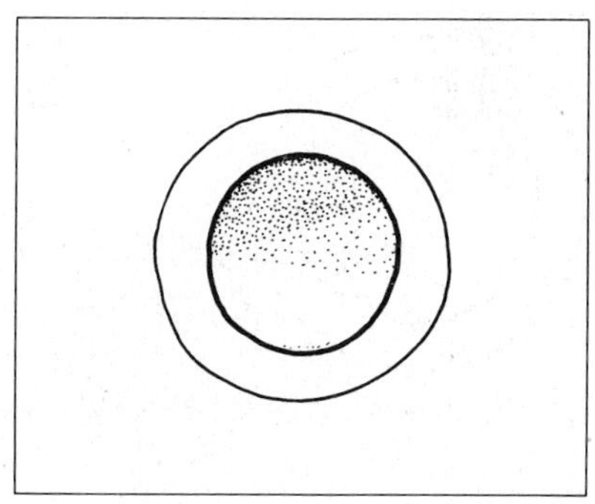
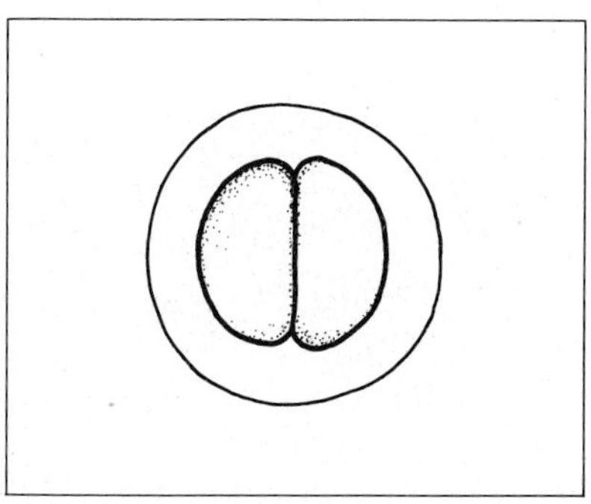
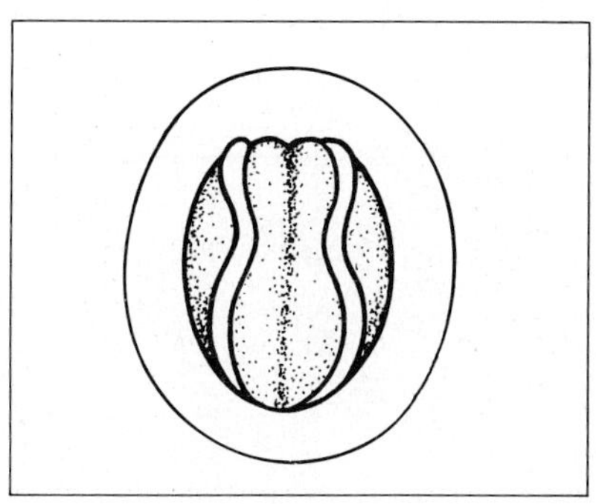
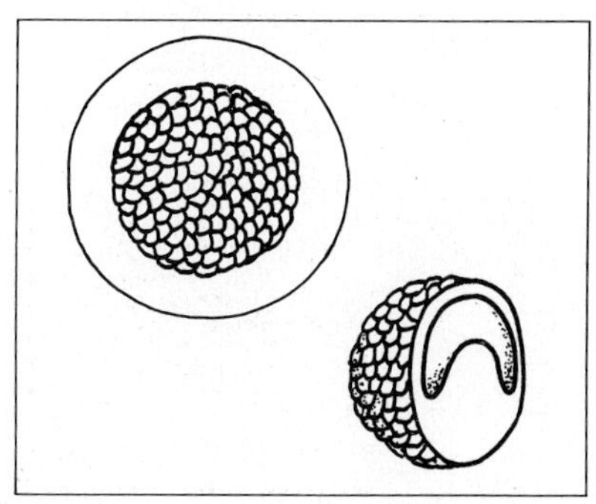

ISBN 3-12-030930-3

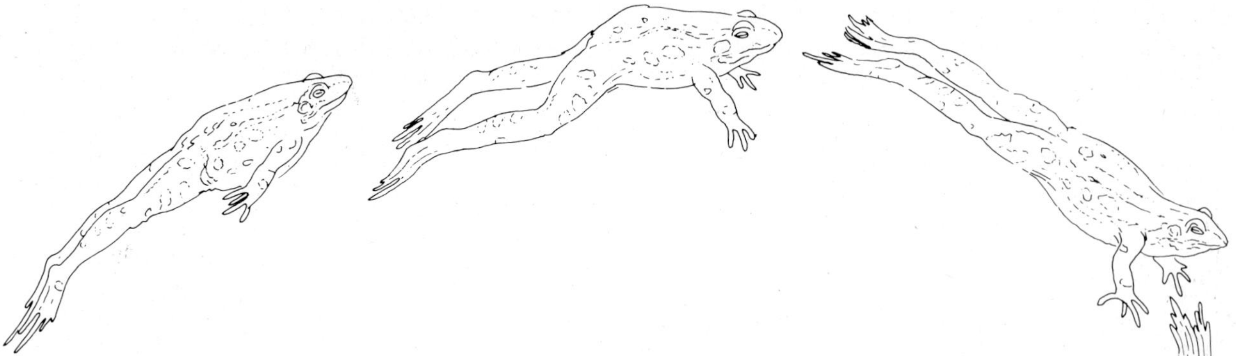

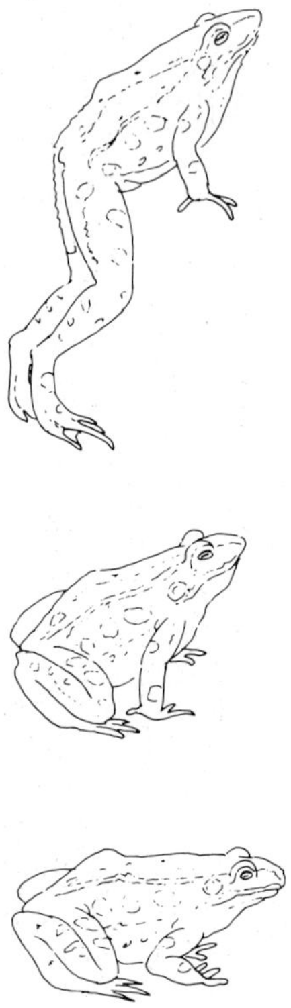

1. Beschreibe den Fluchtsprung des Frosches.

   Die Hinterbeine sind wie eine gespannte Feder angewinkelt.

   Blitzschnell drückt sich der Frosch ab und streckt sich.

   Gestreckt fliegt er durch die Luft, um auf den Vorderbeinen

   zu landen.

2. Beschreibe die Schwimmbewegung. *Die Hinterbeine sind angezogen. Dann werden die Beine mit gespreizten Schwimmhäuten nach hinten gestoßen. Beim Vorziehen der Beine werden die Schwimmhäute angelegt.*

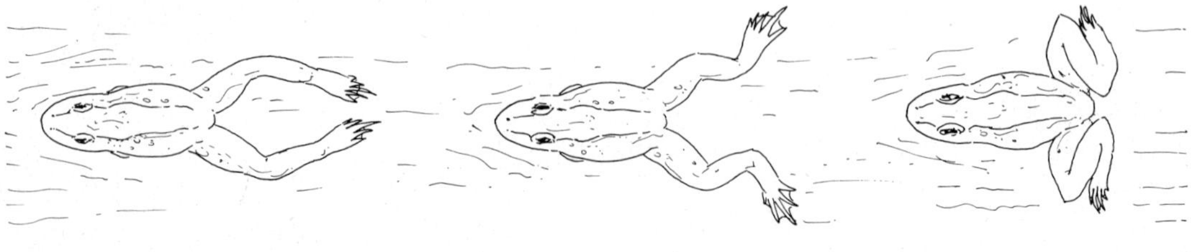

ISBN 3-12-030930-3

Die Fortbewegung der Frösche

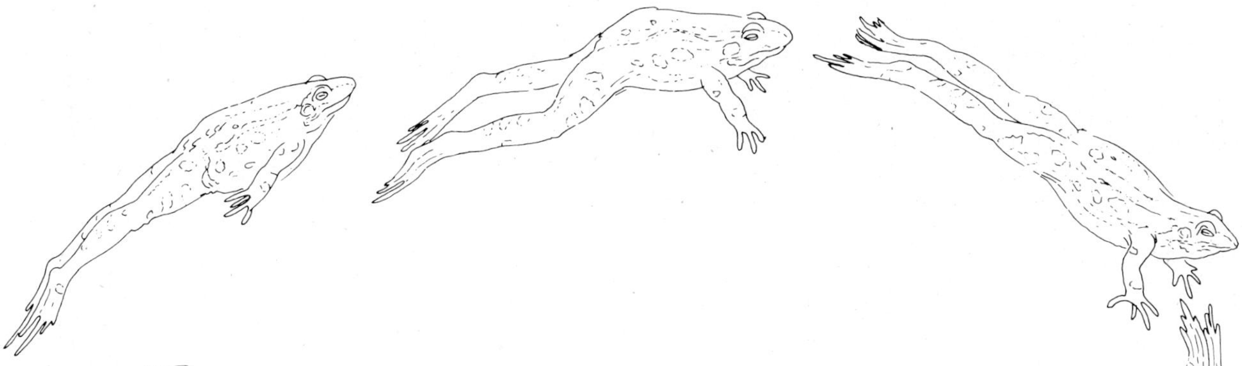

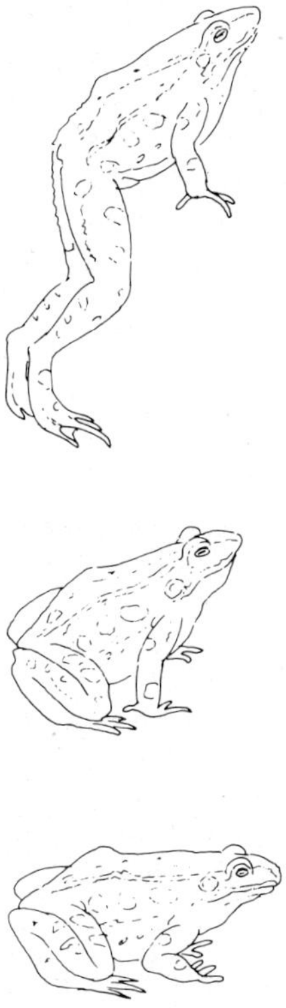

1. Beschreibe den Fluchtsprung des Frosches.

2. Beschreibe die Schwimmbewegung.

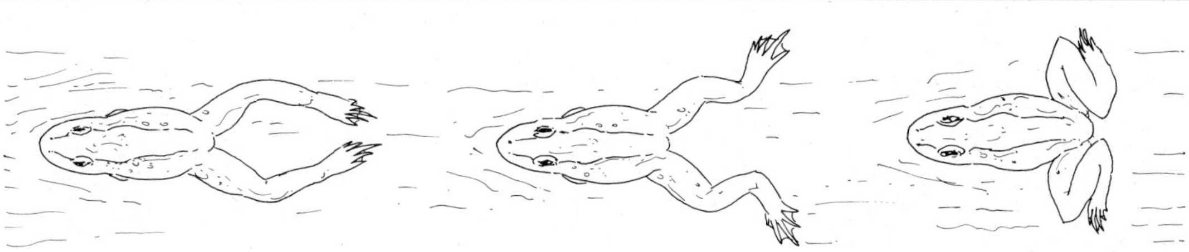

ISBN 3-12-030930-3

a Fangsprung

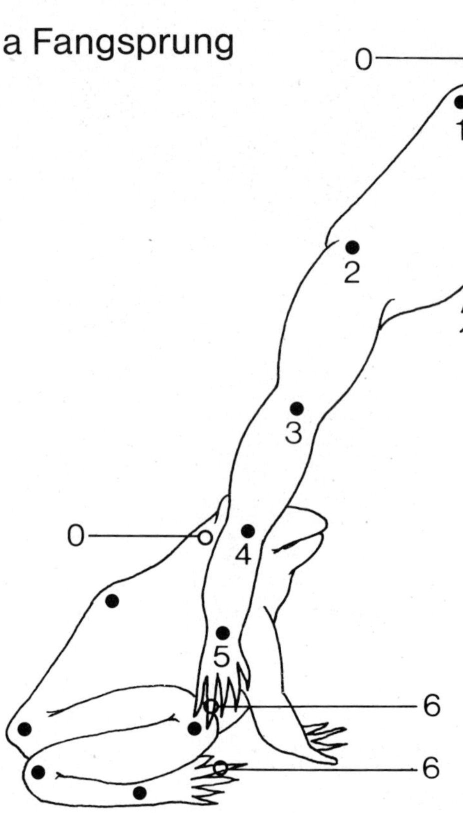

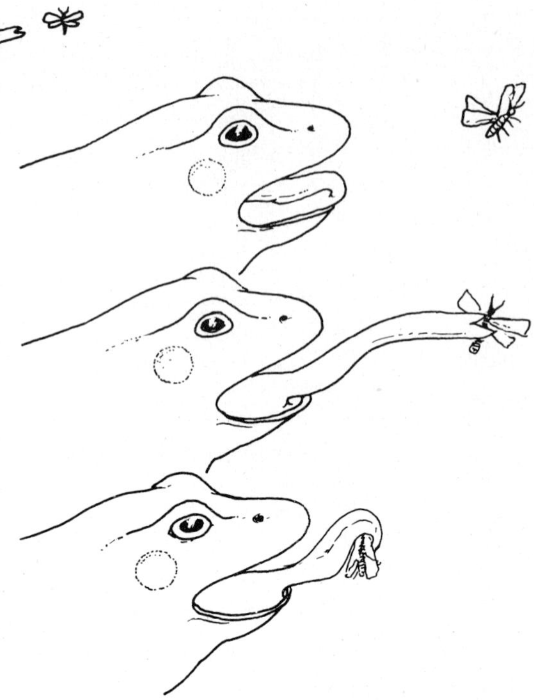

b Funktionsweise der Klappzunge

1. Benenne die Gelenke 1 bis 5.

   1 *Kreuzgelenk*

   2 *Hüftgelenk*

   3 *Kniegelenk*

   4 *Fersengelenk*

   5 *Zehengelenk*

2. Miß den Abstand zwischen den Punkten 0 und 6.

   geduckt *3,1 cm*   im Sprung *9,5 cm*

   Das Wievielfache ist das? *Es ist das 3fache.*

3. Beschreibe, wie der Frosch seine Beute fängt. *Der Frosch springt nach der Beute. Seine unten klebrige Fangzunge schlägt aus dem Mund, umfaßt die Beute und zieht sie in den Mund.*

 ISBN 3-12-030930-3

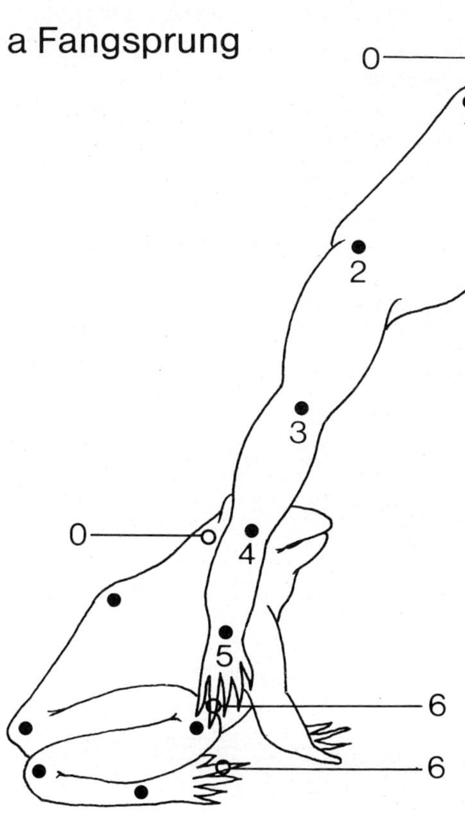

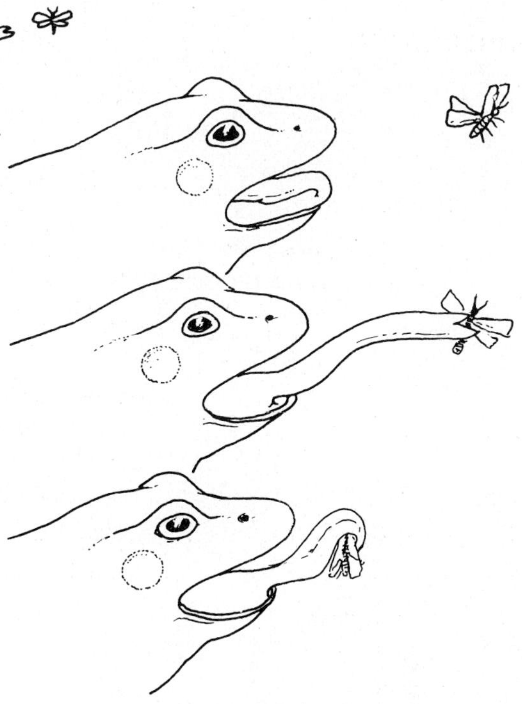

b Funktionsweise der Klappzunge

1. Benenne die Gelenke 1 bis 5.

1 ______________________ 4 ______________________

2 ______________________ 5 ______________________

3 ______________________

2. Miß den Abstand zwischen den Punkten 0 und 6.

geduckt ______________________ im Sprung ______________________

Das Wievielfache ist das? ______________________

3. Beschreibe, wie der Frosch seine Beute fängt. ______________________

ISBN 3-12-030930-3

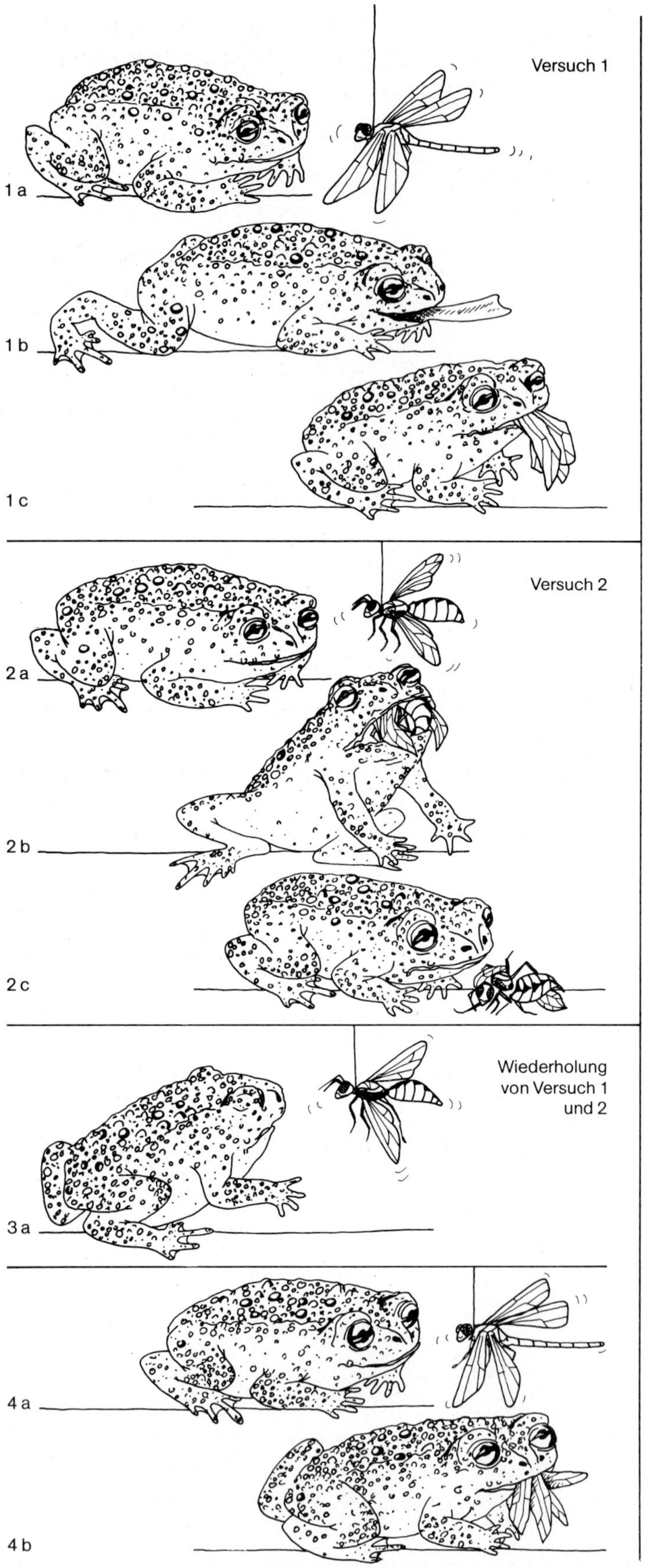

1. Beschreibe die Versuche zum Beutefangverhalten der Erdkröte. Schreibe in Stichworten auf, was passiert!

Versuch 1

1a *Der Erdkröte wird eine Libelle angeboten; Beute wird fixiert.*

1b *Die Kröte hat die Libelle gefangen.*

1c *Die Libelle wird gefressen.*

Versuch 2

2a *Der Erdkröte wird eine Wespe angeboten; Beute wird fixiert.*

2b *Die Kröte hat die Wespe gefangen.*

2c *Die Wespe hat gestochen und wurde ausgespuckt.*

Versuch 3

3a *Erneut wird eine Wespe angeboten; sie bleibt unbeachtet.*

Versuch 4

4a *Erneut wird eine Libelle angeboten; sie wird fixiert.*

4b *Die Libelle wird gefangen und gefressen.*

ISBN 3-12-030930-3

____

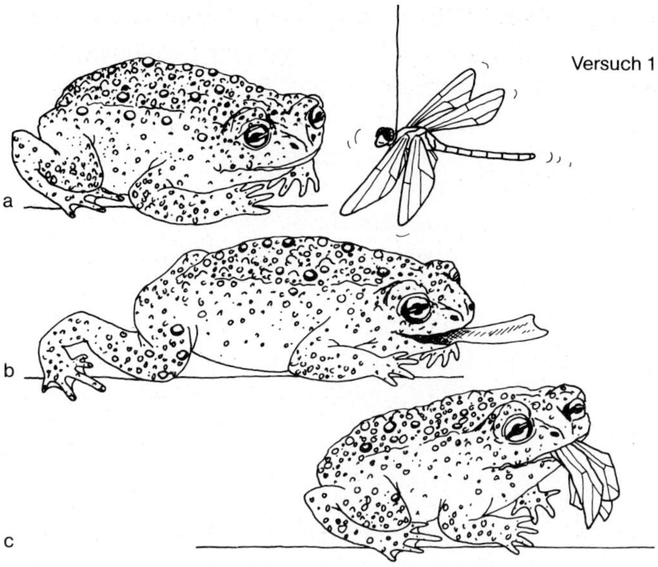

Versuch 1

1 a

1 b

1 c

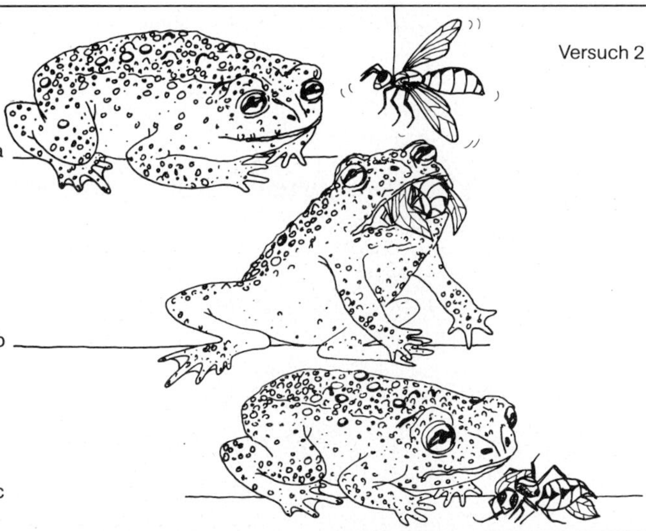

Versuch 2

2 a

2 b

2 c

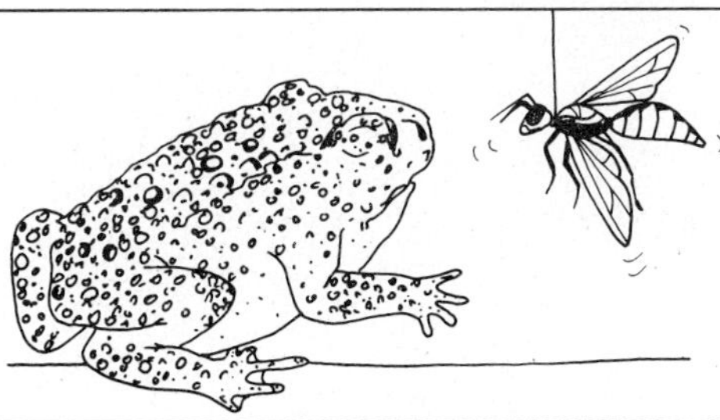

Wiederholung von Versuch 1 und 2

3 a

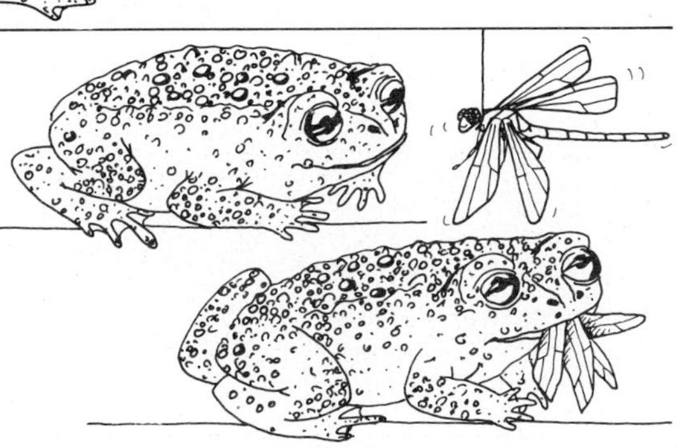

4 a

4 b

1. Beschreibe die Versuche zum Beutefangverhalten der Erdkröte. Schreibe in Stichworten auf, was passiert!

Versuch 1

1a ______________________________

____

1b ______________________________

____

1c ______________________________

____

Versuch 2

2a ______________________________

____

2b ______________________________

____

2c ______________________________

____

Versuch 3

3a ______________________________

____

Versuch 4

4a ______________________________

____

4b ______________________________

____

ISBN 3-12-030930-3

1. Von einem im Wasser sitzenden Frosch sollen die Atemzüge pro Minute gemessen werden. Hierzu wird das Tier in einen Glasbehälter mit 0 °C kaltem Wasser gesetzt, der Behälter steht in einem zunächst eisgekühlten Thermostatbecken. Nun wird das Wasser ganz langsam bis 30 °C erwärmt und alle 5 °C Temperaturerhöhung gezählt, wie viele Atemzüge der Frosch pro Minute macht.
   Beschreibe das dargestellte Versuchsergebnis. Was fällt auf? Versuche eine Deutung.

— *Lurche besitzen eine feuchte, gut durchblutete Haut. Bei niedrigen Temperaturen kann die gesamte Atmung über die Haut erfolgen. Die Meßwerte für den Frosch sind daher bis 10° C Wassertemperatur 0, da keine Atemzüge bemerkbar sind.*
Bei höheren Temperaturen benutzen Lurche die Mundschleimhaut als zusätzliches Atmungsorgan. Man beobachtet jetzt ein rhythmisches Pumpen der Kehlhaut. Die Lungen werden durch einen besonderen Schluckvorgang mit Luft gefüllt. Ab 15° C Wassertemperatur steigen die für den Frosch gemessenen Werte also an. Je höher die Temperatur wird, desto heftiger atmet der Frosch.

2. Messungen haben ergeben, daß Lurche nur einen Teil des zum Leben nötigen Sauerstoffs über die Lungen aufnehmen. Die Abbildung zeigt, wieviel welcher Lungentyp aufnimmt.
   Inwiefern besteht eine Abhängigkeit zwischen der Sauerstoffaufnahme und dem Bau der Lunge?

— *Die Effektivität der Sauerstoffaufnahme steigt mit zunehmender Oberfläche des Atmungsgewebes.*

3. Sauerstoff kann überall dort ins Blut aufgenommen werden, wo eine dünne, feuchte Haut gut durchblutet ist. Ein Grasfrosch kann deshalb mit der Haut, dem Mundboden und der Lunge atmen.
   Spielt dies im Leben der Frösche eine Rolle? Wann?

— *siehe Antwort zu Frage 1.*

Die Hautatmung ermöglicht auch das Überwintern unter Wasser oder eingegraben in der Erde.

ISBN 3-12-030930-3

____

1. Von einem im Wasser sitzenden Frosch sollen die Atemzüge pro Minute gemessen werden. Hierzu wird das Tier in einen Glasbehälter mit 0 °C kaltem Wasser gesetzt, der Behälter steht in einem zunächst eisgekühlten Thermostatbecken. Nun wird das Wasser ganz langsam bis 30 °C erwärmt und alle 5 °C Temperaturerhöhung gezählt, wie viele Atemzüge der Frosch pro Minute macht.
Beschreibe das dargestellte Versuchsergebnis. Was fällt auf? Versuche eine Deutung.

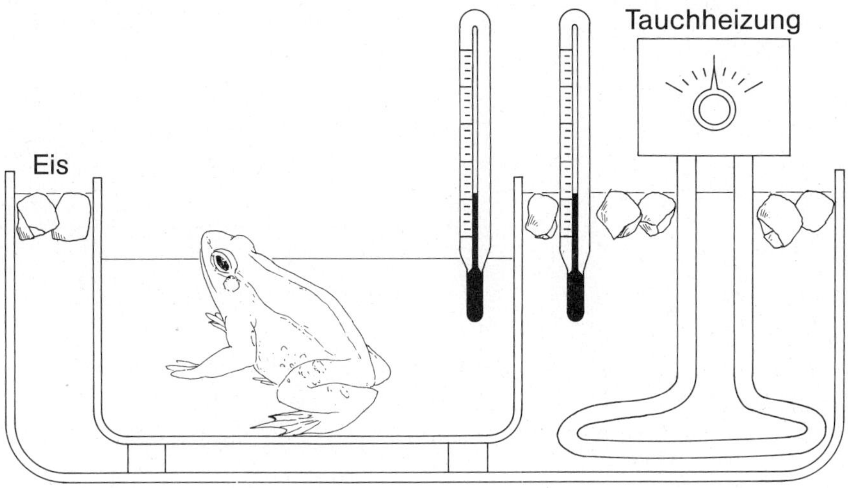

°C	Atemzüge/min
0	0
5	0
10	0
15	4
20	10
25	30
30	90

2. Messungen haben ergeben, daß Lurche nur einen Teil des zum Leben nötigen Sauerstoffs über die Lungen aufnehmen. Die Abbildung zeigt, wieviel welcher Lungentyp aufnimmt.
Inwiefern besteht eine Abhängigkeit zwischen der Sauerstoffaufnahme und dem Bau der Lunge?

	Erdkröte	Feuersalamander	Kammolch
Anteil der Lungenatmung	3/4	1/2	1/4
Lungenbau	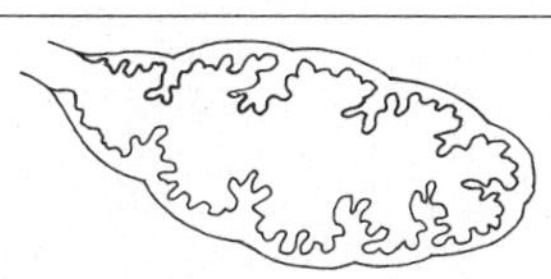	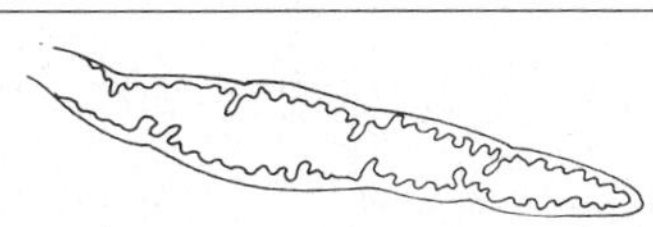	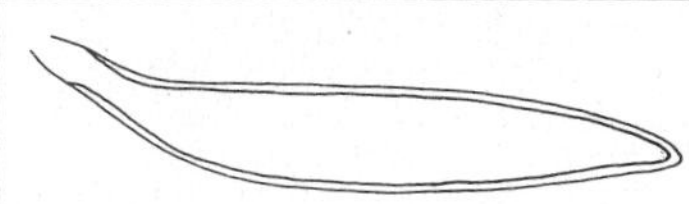

3. Sauerstoff kann überall dort ins Blut aufgenommen werden, wo eine dünne, feuchte Haut gut durchblutet ist. Ein Grasfrosch kann deshalb mit der Haut, dem Mundboden und der Lunge atmen.
Spielt dies im Leben der Frösche eine Rolle? Wann?

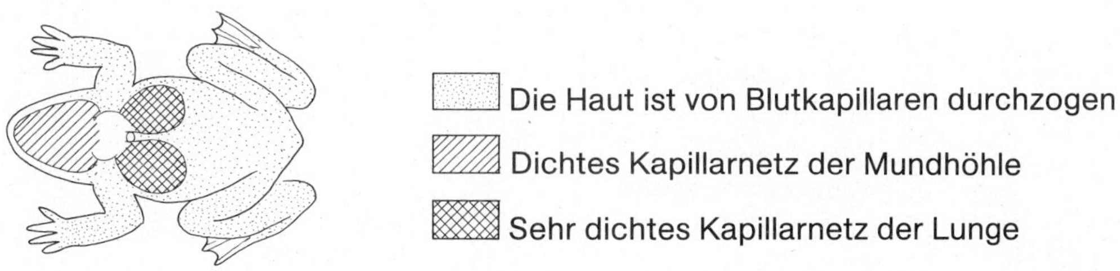

 ISBN 3-12-030930-3

1. Beschrifte die obere Abbildung.
2. Male die beiden Zeichnungen farbig aus. Verwende folgende Farben:

gelb	— Nervensystem	orange	— Geschlechtsorgane
grün	— Verdauungsorgane	rot	— sauerstoffreiches Blut
blau	— Lunge	violett	— sauerstoffarmes Blut
braun	— Niere und Leber	grau	— Skelett

3. Lege in deinem Heft eine Liste der numerierten Knochen an (untere Abb.).

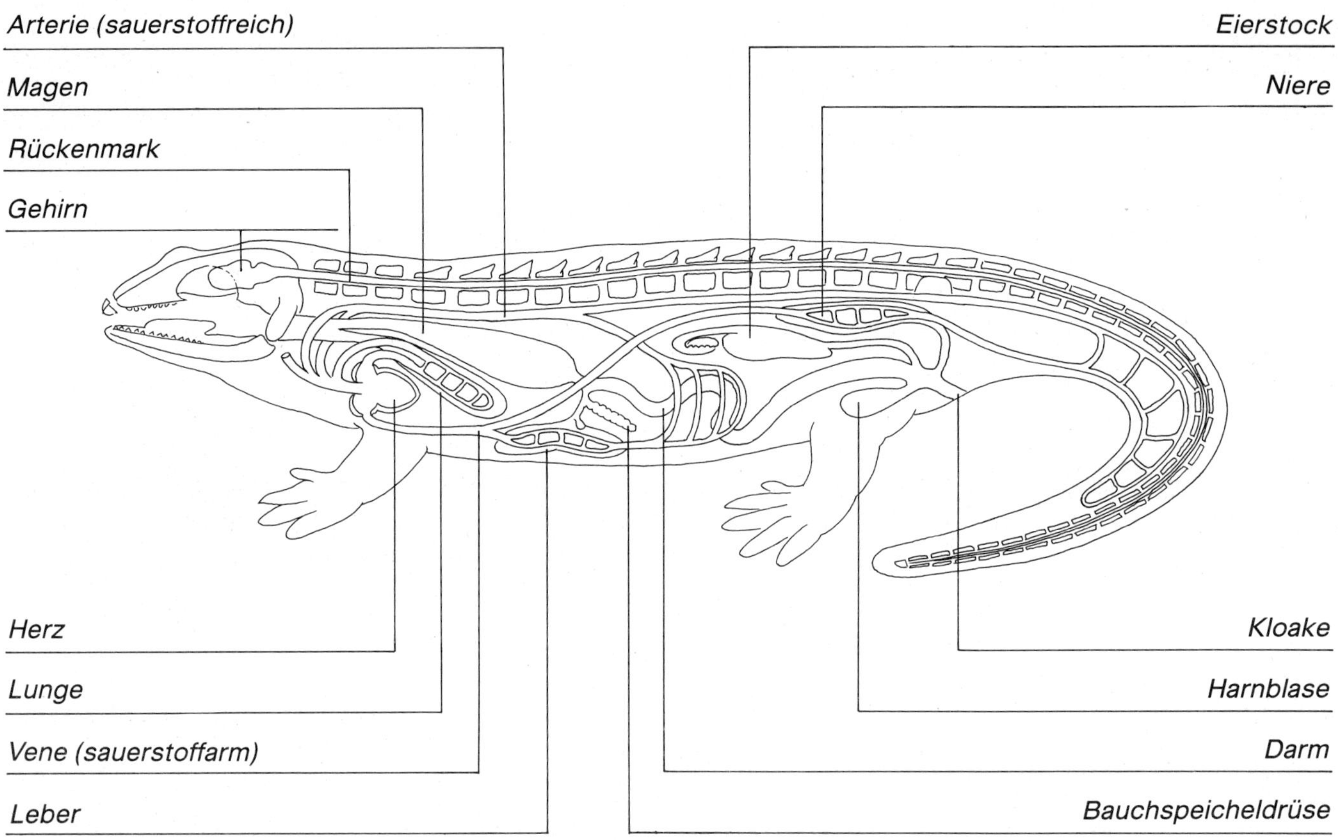

Liste der Knochen:

1	*Schädel*	*10*	*Handwurzelknochen*
2	*Unterkiefer*	*11*	*Mittelhandknochen*
3	*Schultergürtel*	*12*	*Fingerknochen*
4	*Wirbelsäule*	*13*	*Oberschenkelknochen*
5	*Rippen*	*14*	*Schienbein*
6	*Beckengürtel*	*15*	*Wadenbein*
7	*Oberarmknochen*	*16*	*Fußwurzelknochen*
8	*Speiche*	*17*	*Mittelfußknochen*
9	*Elle*	*18*	*Zehenknochen*

ISBN 3-12-030930-3

1. Beschrifte die obere Abbildung.
2. Male die beiden Zeichnungen farbig aus. Verwende folgende Farben:

gelb	— Nervensystem	orange	— Geschlechtsorgane
grün	— Verdauungsorgane	rot	— sauerstoffreiches Blut
blau	— Lunge	violett	— sauerstoffarmes Blut
braun	— Niere und Leber	grau	— Skelett

3. Lege in deinem Heft eine Liste der numerierten Knochen an (untere Abb.).

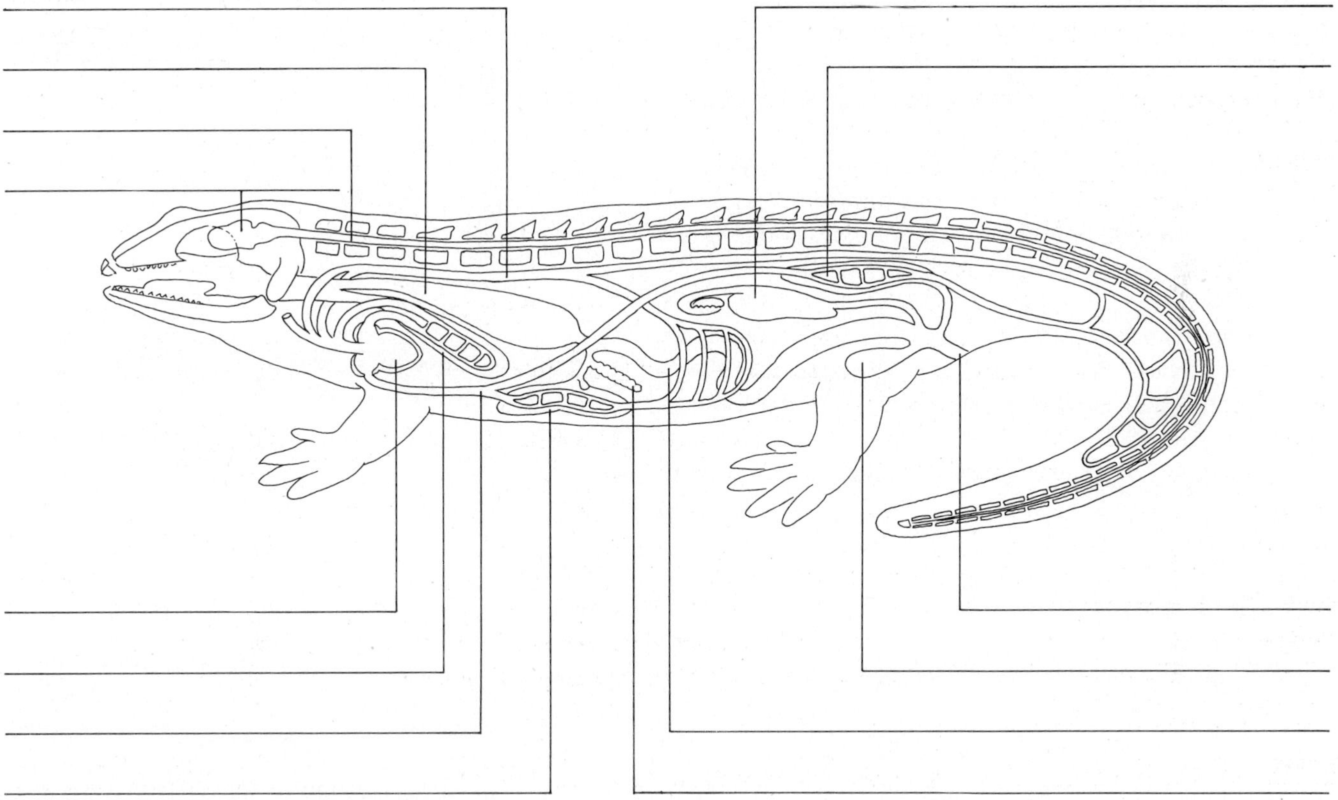

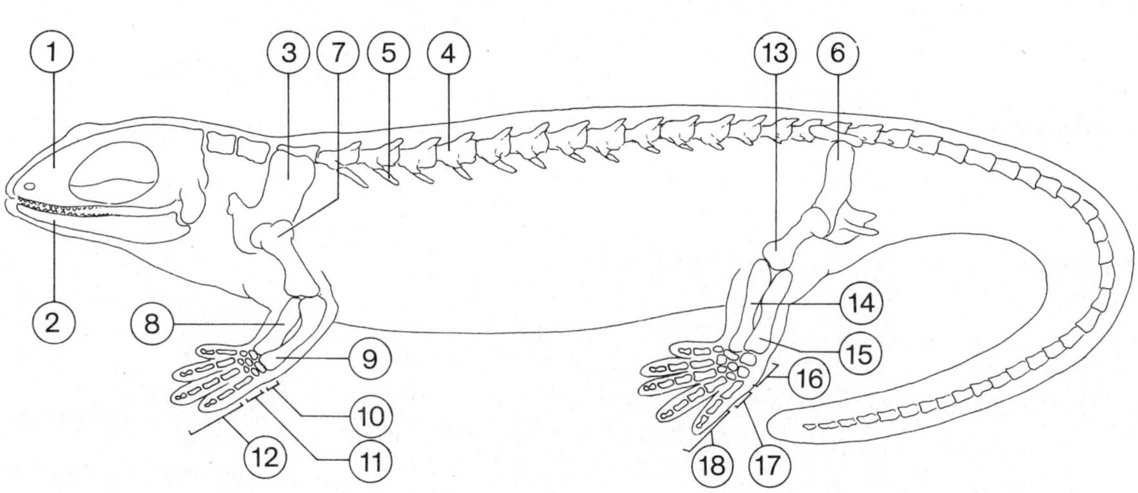

ISBN 3-12-030930-3

1. In den Zeichnungen I bis IV sind vier Vorgänge des Liebesspiels der Molche in der richtigen Reihenfolge dargestellt. Die entsprechenden Beschreibungen, die jeweils mit einem Großbuchstaben gekennzeichnet sind, stehen in einer falschen Reihenfolge. Ordnet man die Beschreibungen in die richtige Reihenfolge, so ergeben die Kennbuchstaben ein anderes in der Biologie gebräuchliches Wort für den Begriff „Liebesspiel".

Z: Das Männchen führt das Weibchen mit weitgeöffneter Kloake über das am Boden festgeheftete Samenpaket. An der Kloakenöffnung des Weibchens klebt das Samenpaket fest. Die Befruchtung erfolgt im Innern des Weibchens.

A: Das Männchen verstellt dem Weibchen den Weg, um ihm seinen eigenen Kloaken-Duftstoff zuzufächeln. Das Weibchen folgt der Duftspur des Männchens, wenn es zuvor befächelt wurde.

B: Im Wasser geraten Molchmännchen durch den ins Wasser abgegebenen Duftstoff eines Weibchens in geschlechtliche Erregung. So erkennen sie auch die Weibchen ihrer eigenen Art.

L: Wenn das nachfolgende Weibchen das Männchen mit der Schnauze an den Schwanz stößt, setzt dieses ein Samenpaket auf den Boden.

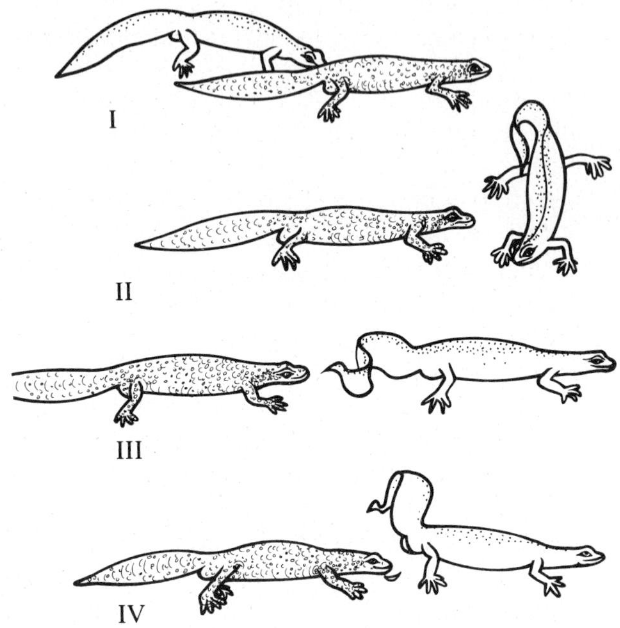

Wie heißt das Lösungswort? *BALZ*

2. Beschreibe anhand der Bildreihe die Entwicklung der Molchlarve.

2. Tag: *Beine noch nicht vorhanden, Schwanz stummelförmig*

2. Tag (Körperlänge 5,4 mm)

11. Tag: *Kiemen wachsen, Schwanz gestreckt*

11. Tag (Körperlänge 7,5 mm)

15. Tag: *Kiemen verzweigt, Vorderbeine wachsen*

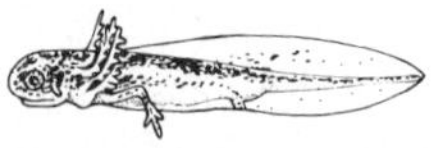

15. Tag (Körperlänge 8,0 mm)

24. Tag: *Hinterbeine wachsen, noch stummelförmig*

24. Tag (Körperlänge 10,5 mm)

55. Tag: *Beine ausgebildet, Körper dunkel gefärbt*

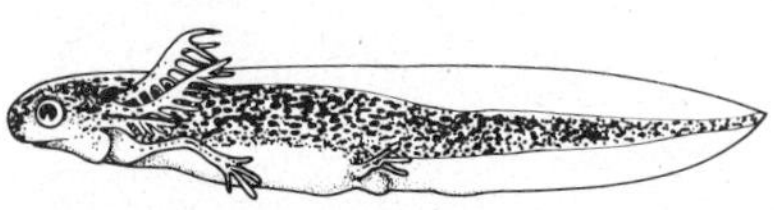

55. Tag (Körperlänge 15 mm)

 ISBN 3-12-030930-3

____

1. In den Zeichnungen I bis IV sind vier Vorgänge des Liebesspiels der Molche in der richtigen Reihenfolge dargestellt. Die entsprechenden Beschreibungen, die jeweils mit einem Großbuchstaben gekennzeichnet sind, stehen in einer falschen Reihenfolge. Ordnet man die Beschreibungen in die richtige Reihenfolge, so ergeben die Kennbuchstaben ein anderes in der Biologie gebräuchliches Wort für den Begriff „Liebesspiel".

Z: Das Männchen führt das Weibchen mit weitgeöffneter Kloake über das am Boden festgeheftete Samenpaket. An der Kloakenöffnung des Weibchens klebt das Samenpaket fest. Die Befruchtung erfolgt im Innern des Weibchens.

A: Das Männchen verstellt dem Weibchen den Weg, um ihm seinen eigenen Kloaken-Duftstoff zuzufächeln. Das Weibchen folgt der Duftspur des Männchens, wenn es zuvor befächelt wurde.

B: Im Wasser geraten Molchmännchen durch den ins Wasser abgegebenen Duftstoff eines Weibchens in geschlechtliche Erregung. So erkennen sie auch die Weibchen ihrer eigenen Art.

L: Wenn das nachfolgende Weibchen das Männchen mit der Schnauze an den Schwanz stößt, setzt dieses ein Samenpaket auf den Boden.

Wie heißt das Lösungswort? ____________

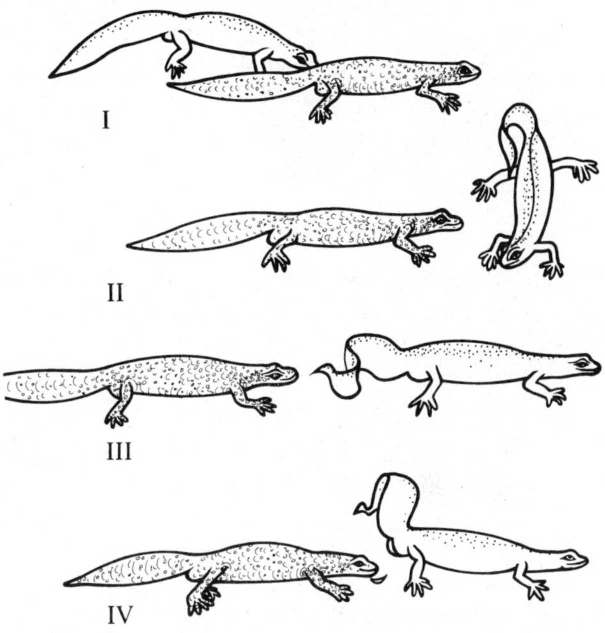

2. Beschreibe anhand der Bildreihe die Entwicklung der Molchlarve.

2. Tag: ______________________________

____

11. Tag: ______________________________

____

15. Tag: ______________________________

____

24. Tag: ______________________________

____

55. Tag: ______________________________

____

2. Tag (Körperlänge 5,4 mm)

11. Tag (Körperlänge 7,5 mm)

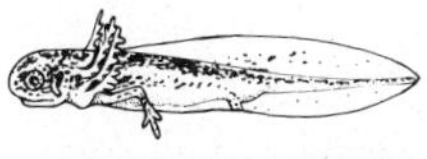
15. Tag (Körperlänge 8,0 mm)

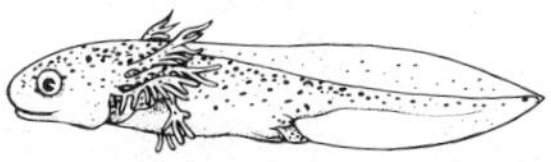
24. Tag (Körperlänge 10,5 mm)

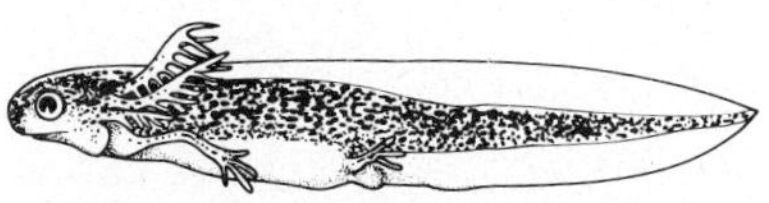
55. Tag (Körperlänge 15 mm)

 ISBN 3-12-030930-3

1. Versuche die abgebildeten Lurche zu bestimmen. Nimm einen Bestimmungsschlüssel oder eine Bestimmungstabelle zu Hilfe, evtl. auch ein Bestimmungsbuch. Setze die Namen ein.

Wasserfrosch

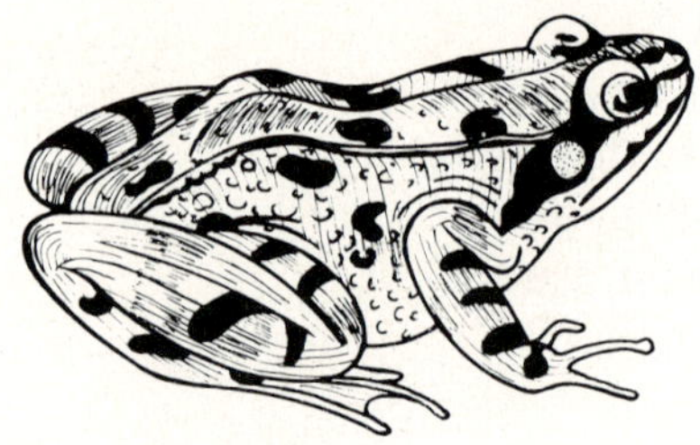

Grasfrosch

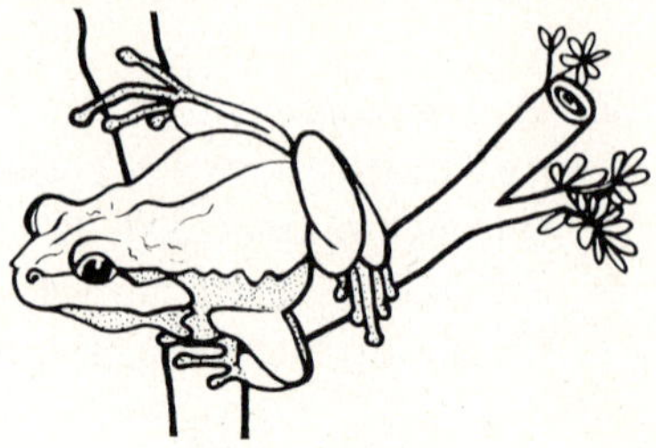

Laubfrosch

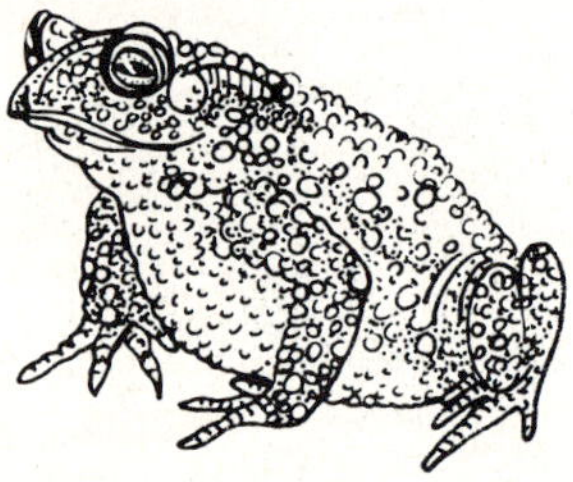

Erdkröte

Wechselkröte

Geburtshelferkröte

Unke (Gelbbauchunke)

Feuersalamander

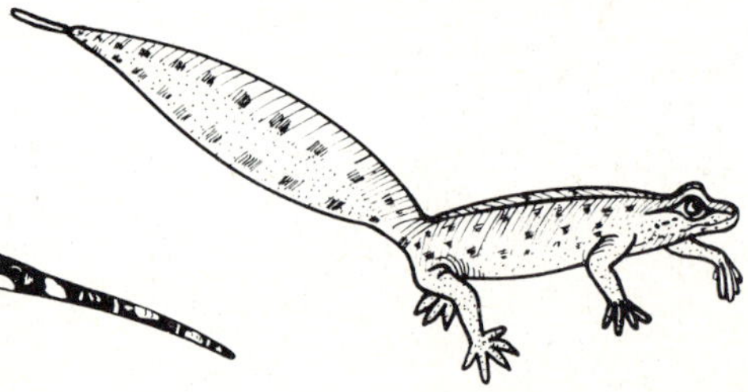

Fadenmolch

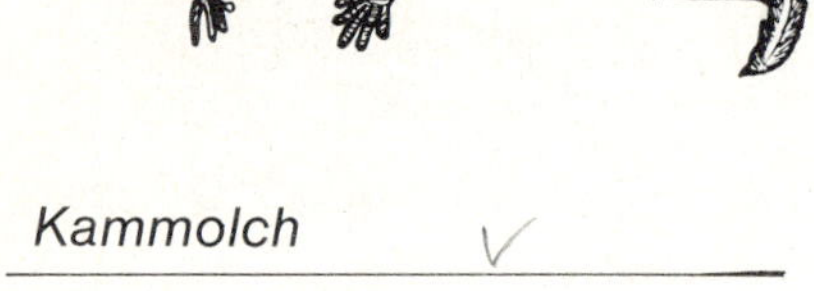

Kammolch

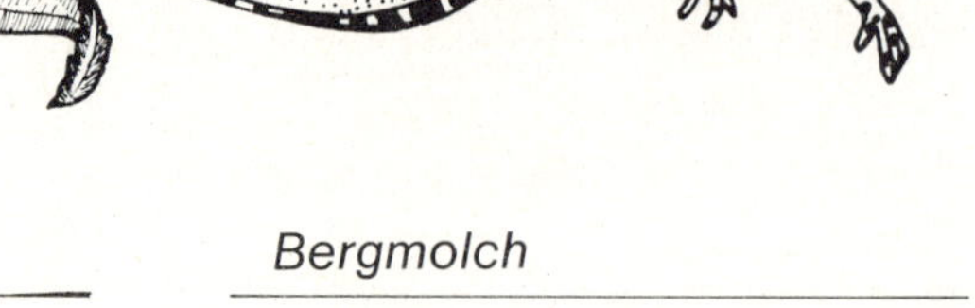

Bergmolch

Teichmolch

(Die abgebildeten Lurche können mit Hilfe von Materialien bestimmt werden, die die Schüler selbst beschaffen. Ihnen kann aber auch der Schlüssel auf den beiden folgenden Seiten an die Hand gegeben werden.)

ISBN 3-12-030930-3

1. Versuche die abgebildeten Lurche zu bestimmen. Nimm einen Bestimmungsschlüssel oder eine Bestimmungstabelle zu Hilfe, evtl. auch ein Bestimmungsbuch. Setze die Namen ein.

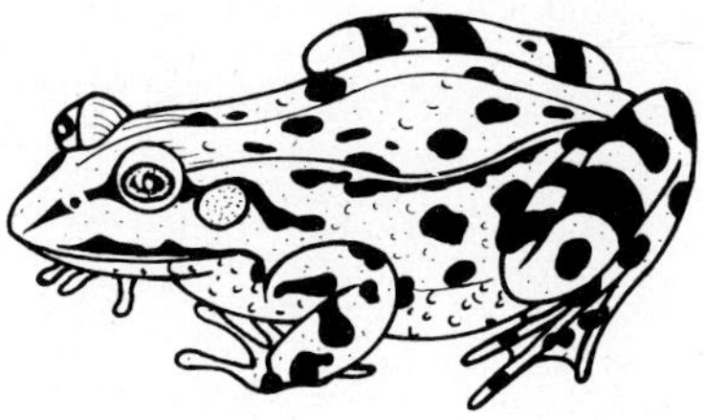
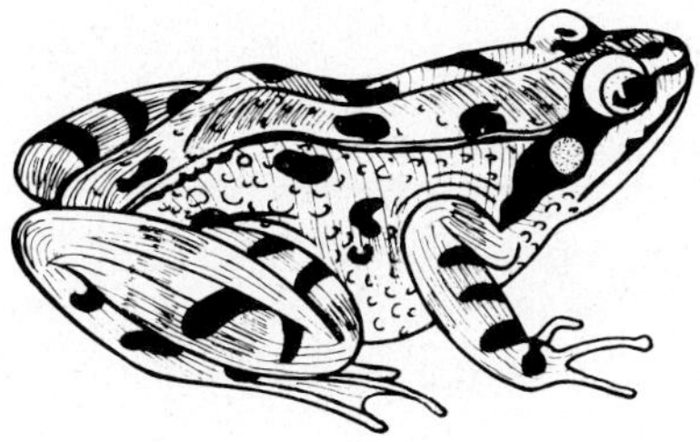
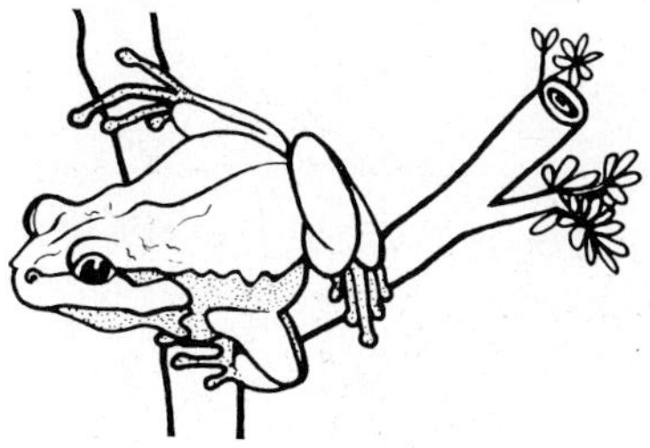

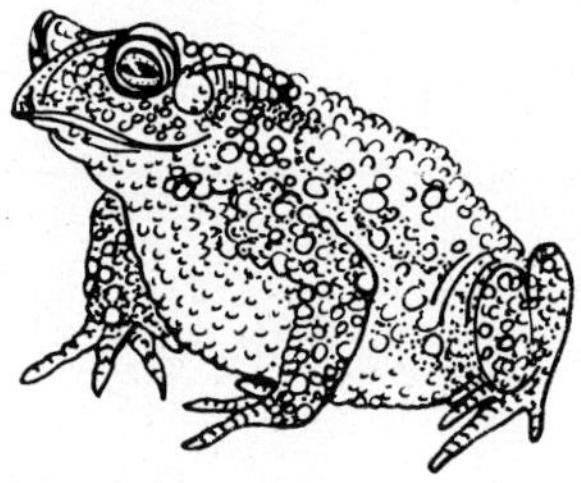

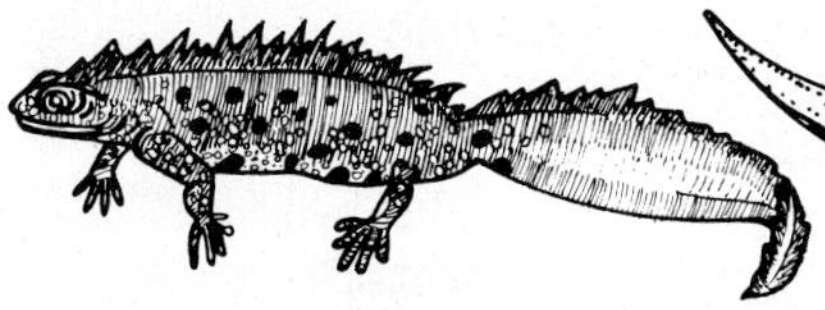
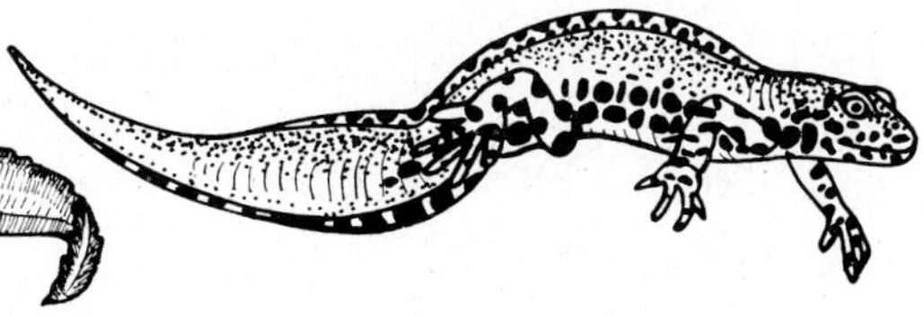
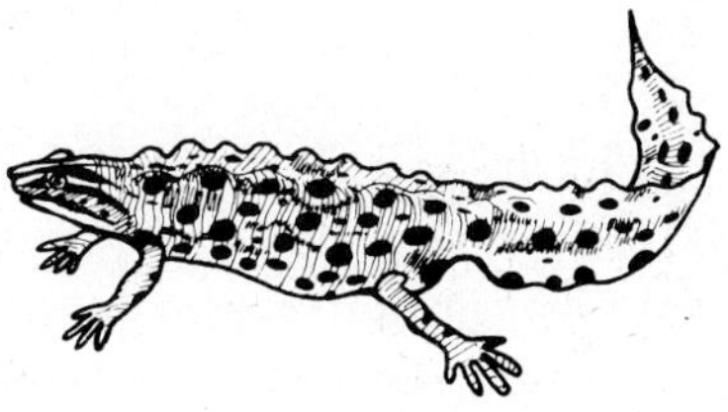

ISBN 3-12-030930-3

Wir bestimmen Lurche — Bestimmungsschlüssel I

Siehst du einen Lurch und willst wissen, wie er heißt, kannst du diesen Bestimmungsschlüssel benutzen. Beginne links oben und folge den Pfeilen. An jeder Verzweigung mußt du dein Tier anschauen und seine Kennzeichen mit den im Schlüssel genannten vergleichen. Dann findest du leicht heraus, welchen Weg du weitergehen mußt. Schließlich gelangst du zum Namen der Art.

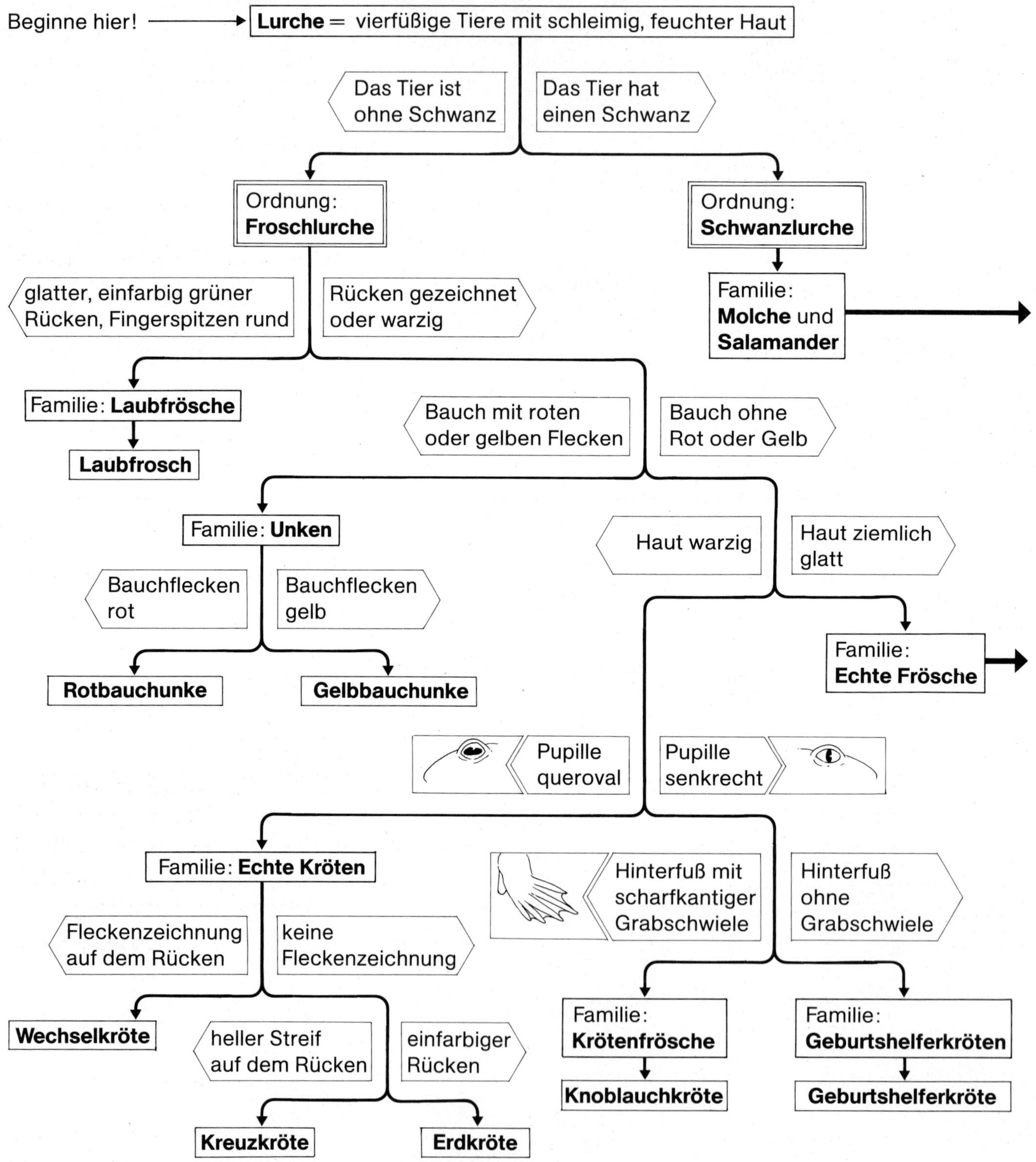

 ISBN 3-12-030930-3

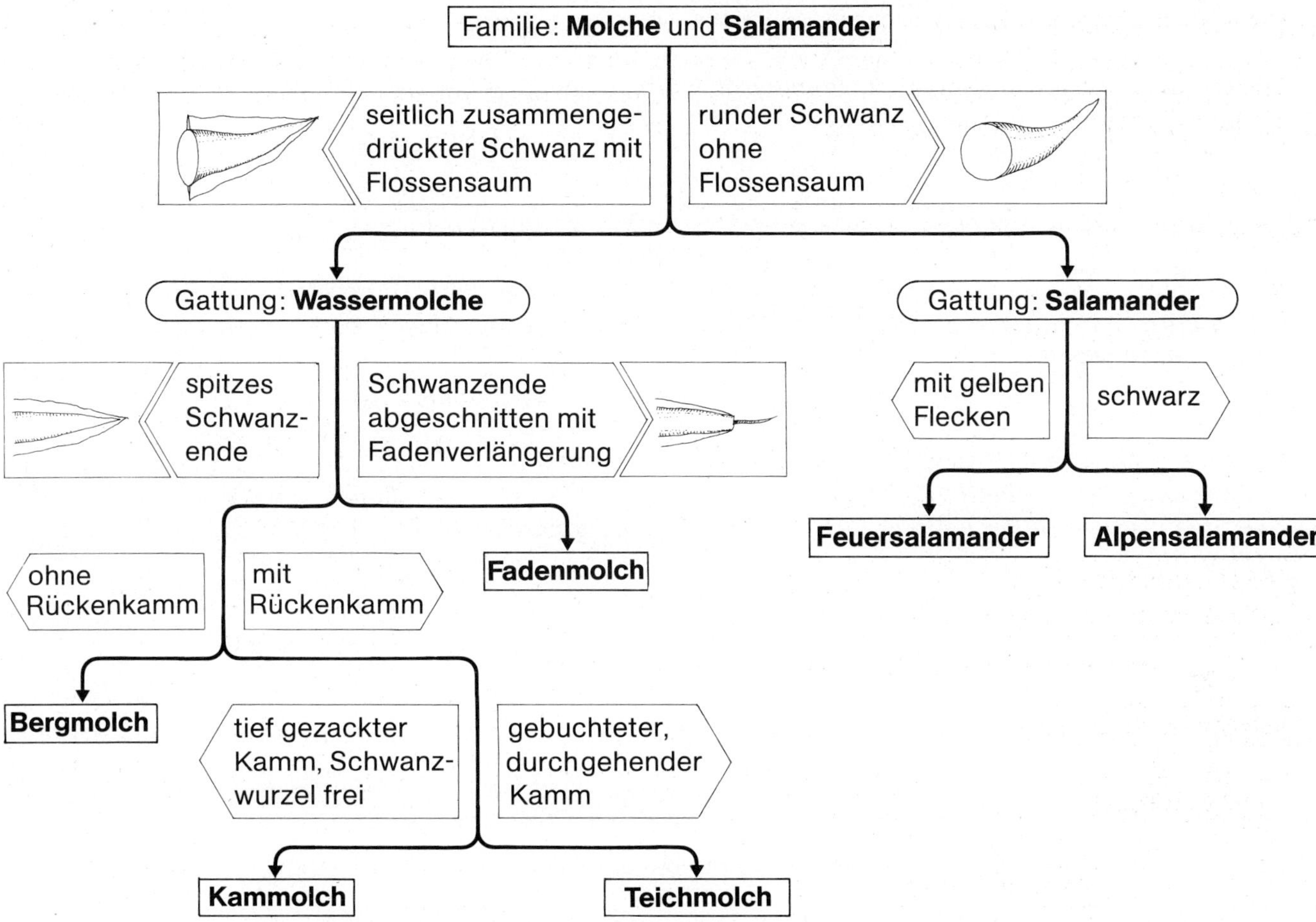

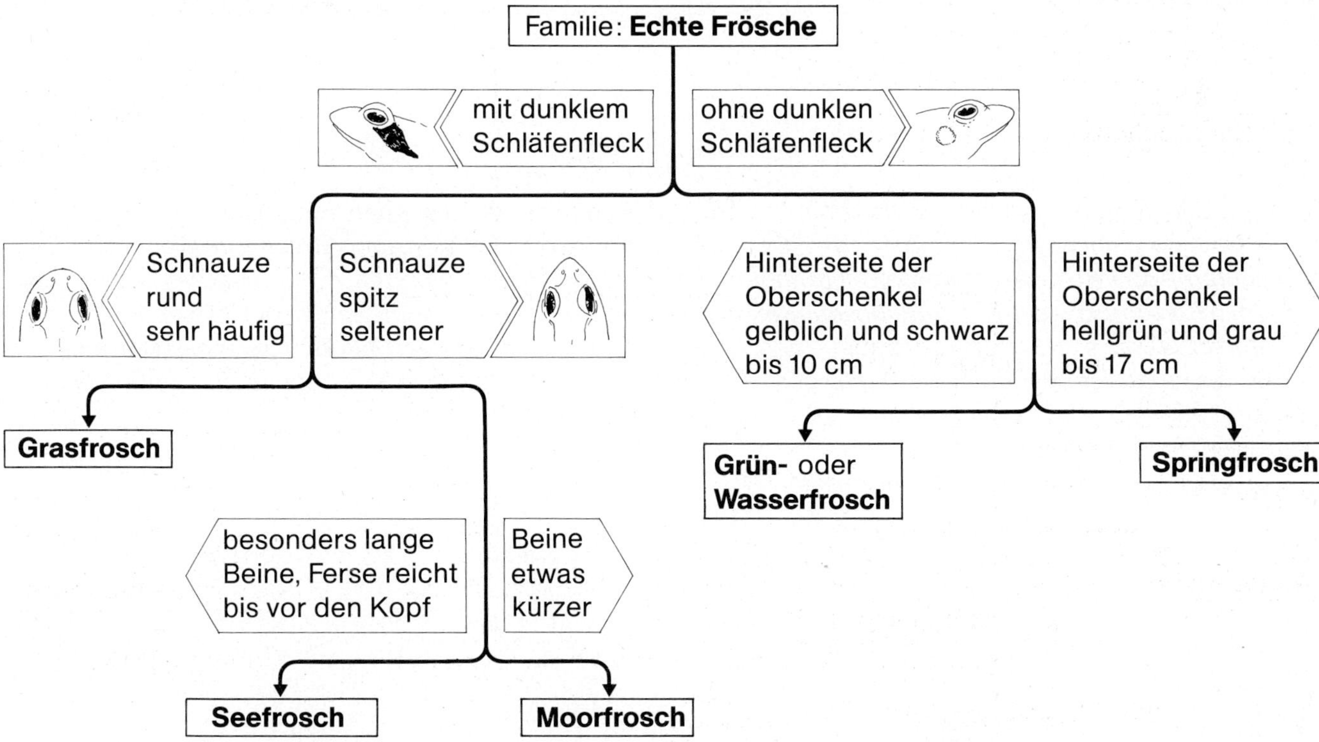

 ISBN 3-12-030930-3

1. Wo haben Erdkröten und Grasfrösche ihre Sommerreviere?

— *Erdkröten und Grasfrösche leben den Sommer über in feuchtem Gelände, weitab von Gewässern. In diesen Biotopen überwintern sie auch.*

2. Welchen besonderen Gefahren sind die Lurche auf ihren Wanderungen ausgesetzt?

— *Da sich Lurche relativ langsam fortbewegen, sind sie bei ihren Wanderungen durch den Straßenverkehr besonders gefährdet. Wenn eine Straße den Zugang zu einem Laichgewässer kreuzt, kann es zu einem Massensterben kommen.*

3. Was hat sich zwischen 1975 und 1980 in der Landschaft verändert?

— *Zwischen 1975 und 1980 wurde eine Straße gebaut, die die Lurche auf ihrer Laichwanderung nun überqueren mußten.*

4. Welche Schutzmaßnahmen sind 1980 durchgeführt worden?

— *1980 wurde ein Krötenzaun errichtet. Die in Eimern gefangenen Tiere wurden per Hand über die Straße getragen.*

5. Welche Schutzmaßnahmen sind auf dem Bild von 1982 dargestellt?

— *Es gibt jetzt einen permanenten Krötenzaun. Die Lurche werden durch eine Röhre unter der Straße hindurch geleitet. Ein mit einem Krötenzaun umgebener Ersatz-Laichtümpel wurde angelegt und erste Tiere dort zum Ablaichen eingesetzt.*

6. Für 1990 sind Ersatzlebensräume für die Lurche geplant. Was muß bis dahin getan werden?

— *In den Laichtümpeln müssen Lurche kontrolliert zum Ablaichen gebracht werden. Hintergrund ist folgender: Die Tiere wandern zum Laichen nur zu dem Gewässer, in dem sie selbst die Kaulquappenentwicklung durchmachten. Andere Gewässer werden nicht angenommen; eine Umgewöhnung ist in ihrem ganzen Leben nicht möglich. Auch wenn der Tümpel zugeschüttet wird, kehren sie jedes Jahr zum Laichen dorthin zurück. Natürlich lassen sich Ersatzlaichtümpel in der Nähe der Jagdgründe anlegen. Man kann zwar nicht die alten Tiere daran umgewöhnen, aber deren Laich dorthin verfrachten, so daß die neuen Lurchgenerationen auf das neue Gewässer orientiert sind.*

ISBN 3-12-030930-3

Erdkröten und Grasfrösche verbringen den Sommer in Gelände mit geeigneten Jagdrevieren. Nach dem Überwintern wandern die Kröten und Frösche im März/April zu ihrem Geburtsgewässer, um sich fortzupflanzen. Von dort aus wandern sie in ihre Sommerquartiere zurück. Die jungen Kröten und Frösche suchen sich im Spätsommer eigene Reviere. Zur Laichzeit werden sie immer wieder in das Gewässer zurückkehren, in dem sie als Kaulquappe aus dem Ei geschlüpft sind.

Beantworte jetzt die folgenden Fragen. Dabei kannst du dich an der Bildserie rechts orientieren.

1. Wo haben Erdkröten und Grasfrösche ihre Sommerreviere?
2. Welchen besonderen Gefahren sind die Lurche auf ihren Wanderungen ausgesetzt?
3. Was hat sich zwischen 1975 und 1980 in der Landschaft verändert?
4. Welche Schutzmaßnahmen sind 1980 durchgeführt worden?
5. Welche Schutzmaßnahmen sind auf dem Bild von 1982 dargestellt?
6. Für 1990 sind Ersatzlebensräume für die Lurche geplant. Was muß bis dahin getan werden?

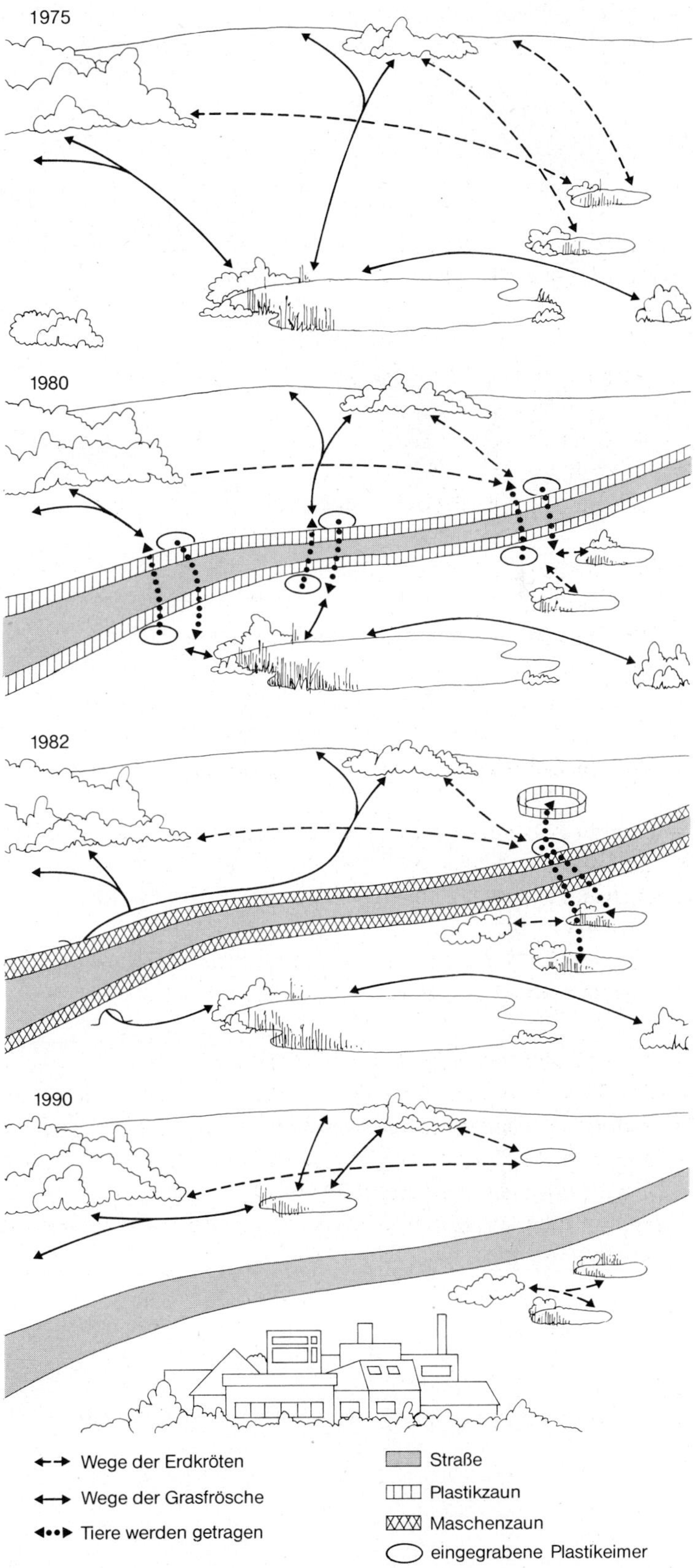

ISBN 3-12-030930-3

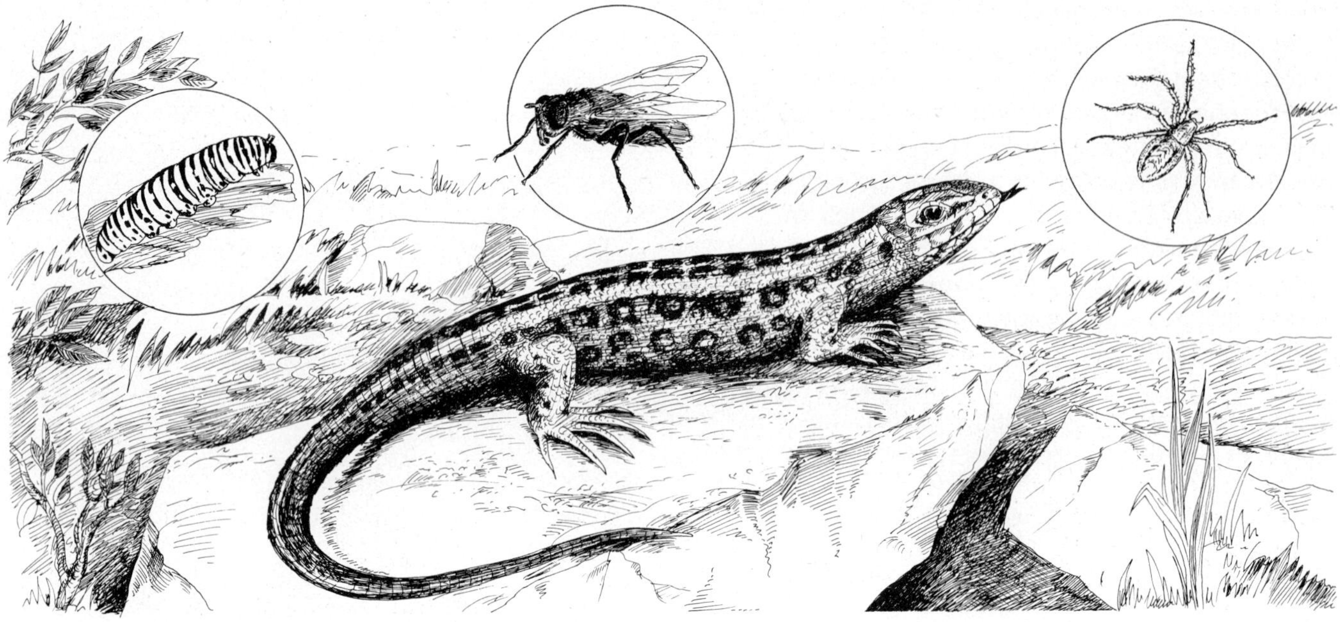

1. Beschreibe die Körpergestalt und die Haut der Zauneidechse.

   Die Eidechse hat einen langgestreckten Körper mit seitlich angesetzten Beinen. Der Bauch ist nur wenig vom Boden abgehoben. Die Haut ist mit trockenen Hornschuppen bedeckt.

2. Welche Sinnesorgane siehst du auf der Abbildung?

   Trommelfelle der Ohren — Augen — Nasenlöcher — gespaltene Zunge zum Schmecken, Riechen und Tasten

3. Wie ernährt sich die Zauneidechse?

   Sie ernährt sich von lebenden Gliederfüßern und Würmern (Raupe, Fliege, Spinne). Sie fängt die Beute und verschlingt sie ganz.

4. Wie sieht ihr Revier aus, welche Örtlichkeiten müssen vorhanden sein?

   z. B. ein Wegrand, wo sich ein Platz zum Sonnen findet, aber auch eine schattige Stelle und ein Unterschlupf

ISBN 3-12-030930-3

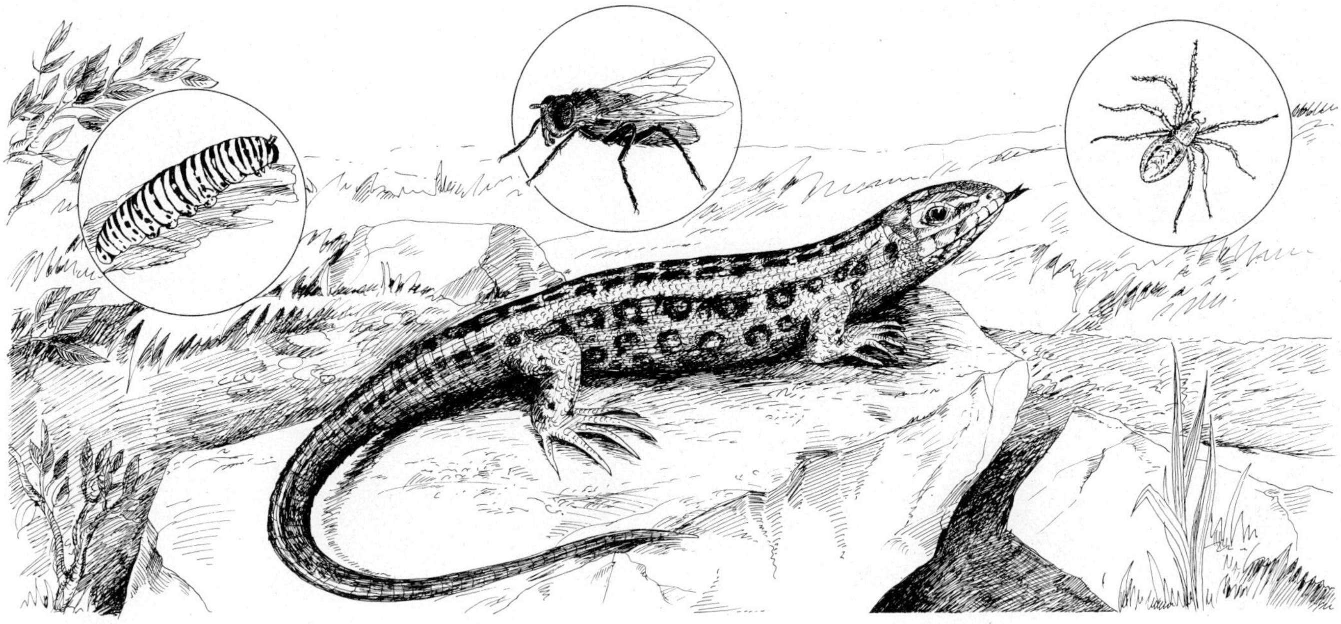

1. Beschreibe die Körpergestalt und die Haut der Zauneidechse.

2. Welche Sinnesorgane siehst du auf der Abbildung?

3. Wie ernährt sich die Zauneidechse?

4. Wie sieht ihr Revier aus, welche Örtlichkeiten müssen vorhanden sein?

ISBN 3-12-030930-3

1. Benenne die inneren Organe der Eidechsen. Beschrifte die Zeichnungen.

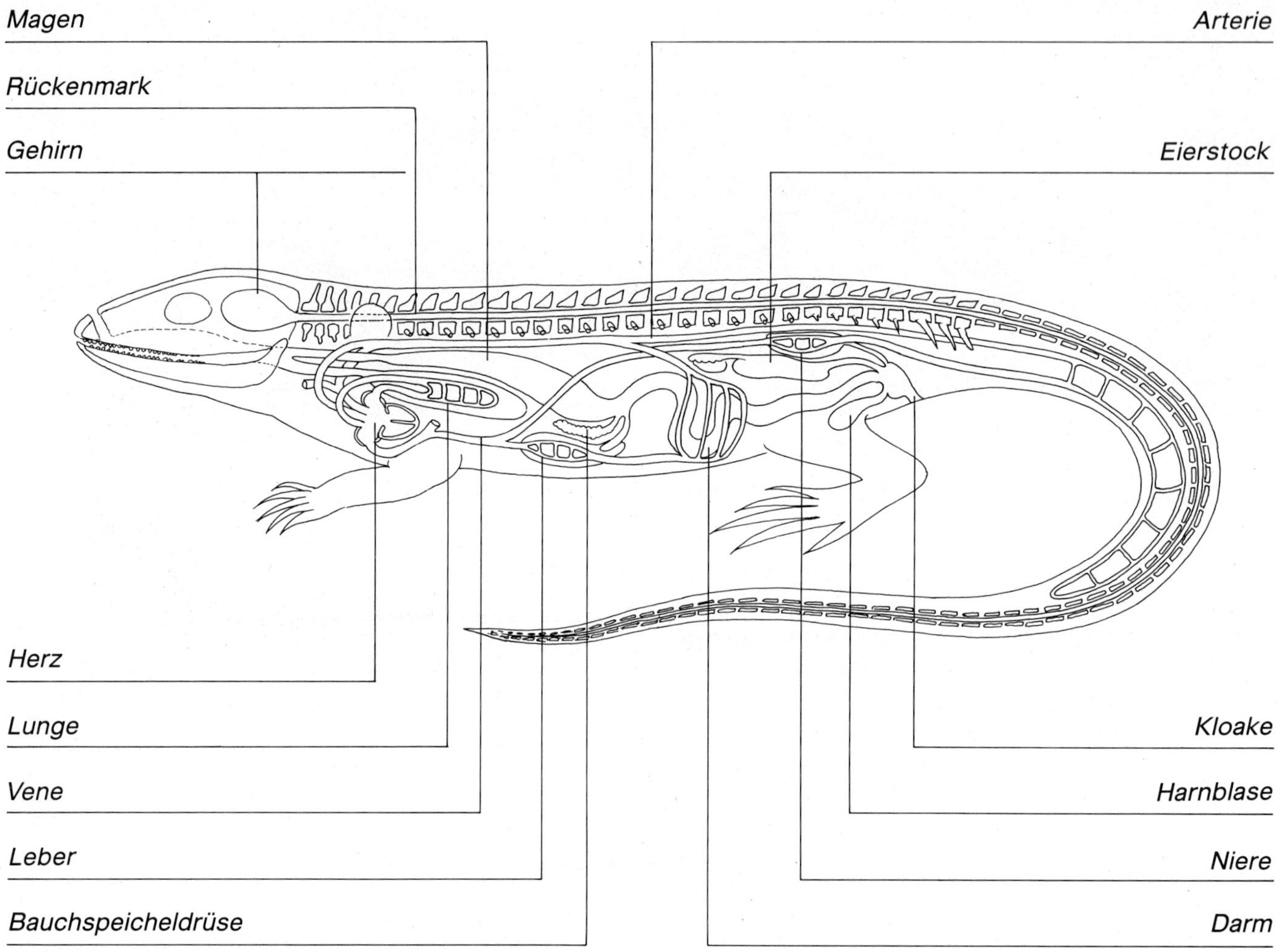

Haut der Eidechse (Schnitt)

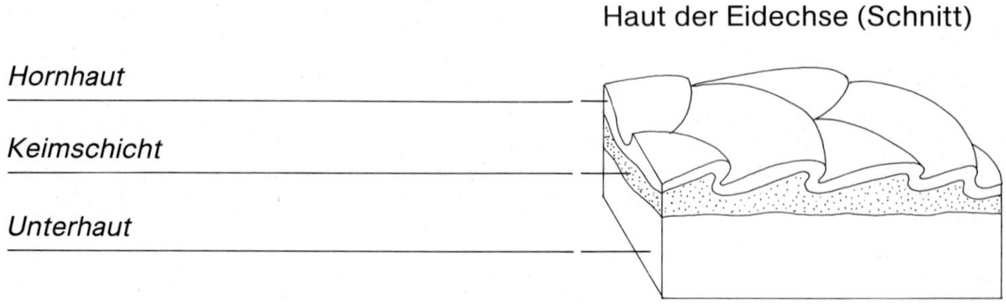

ISBN 3-12-030930-3

1. Benenne die inneren Organe der Eidechsen. Beschrifte die Zeichnungen.

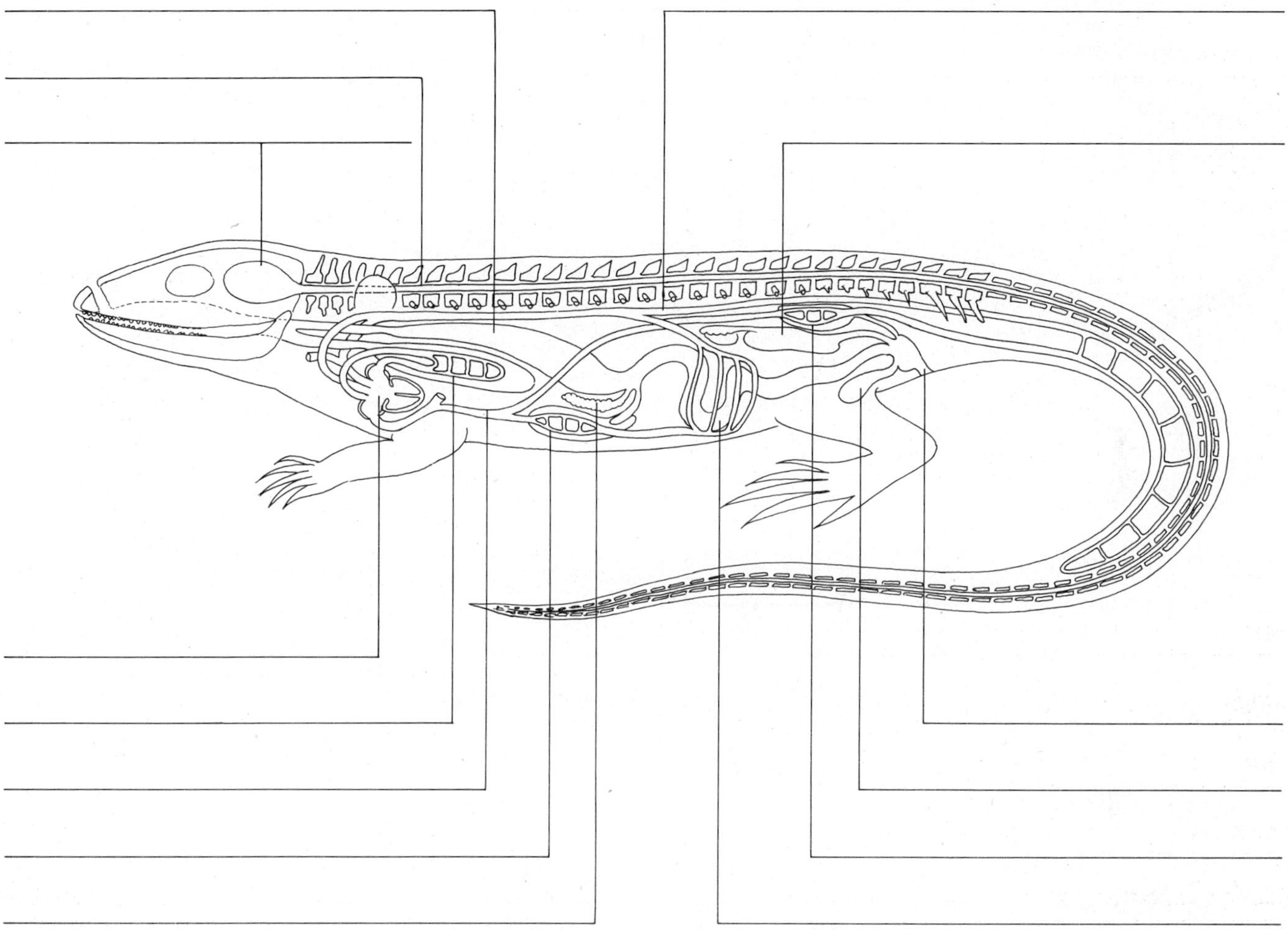

Haut der Eidechse (Schnitt)

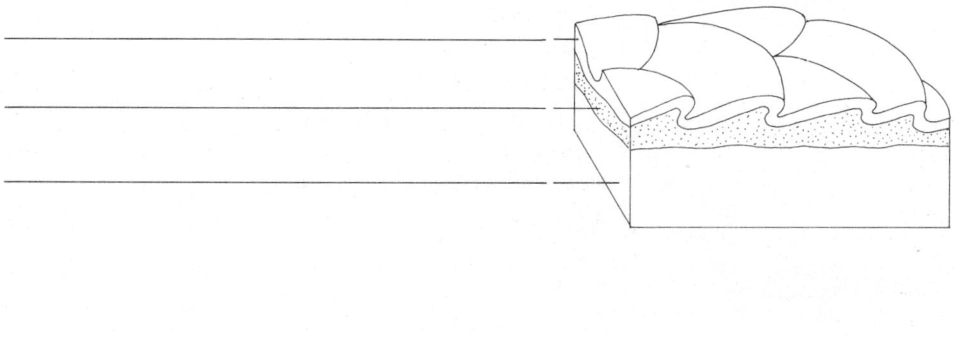

ISBN 3-12-030930-3

Kriechtiere sind die einzigen wechselwarmen Wirbeltiere, die in trockenem Gelände leben und sich dort auch fortpflanzen können.

1. Beschreibe zu den Abbildungen . . .

2. Was ist bei der Eidechse anders als etwa bei einem Frosch?

1

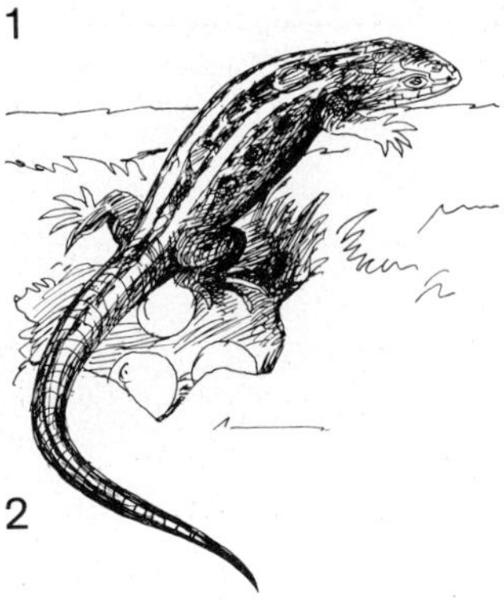

. . . Befruchtung, Eiablage (1).

Das nach erfolgter Begattung trächtige Weibchen scharrt ein Loch ins Erdreich und legt dort die Eier ab.

1 *Eidechsen haben innere Befruchtung und legen ihre Eier ins Erdreich. Frösche haben äußere Befruchtung und laichen im Wasser.*

2

. . . Zahl und Aussehen der Eier (2).

5 — 15 Eier, mit pergamentartiger Haut, so groß wie Kirschensteine

2 *Eidechsen haben weniger Eier als Frösche. Die Eier sind aber größer als Froscheier und haben eine festere Haut.*

3

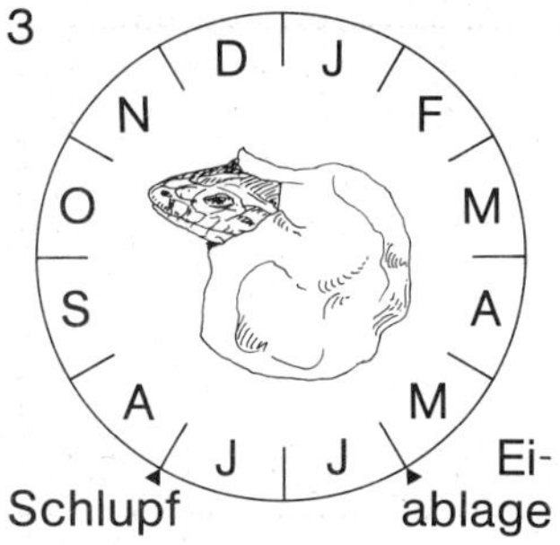

. . . Dauer der Entwicklung im Ei (3).

ca. 10 Wochen, Bebrütung der Eier durch Sonnenwärme

3 *Die Entwicklung einer Eidechse im Ei dauert viel länger als die Entwicklung einer — unfertigen! — Kaulquappe.*

4

. . . Aussehen des frisch geschlüpften Jungtieres (4).

wie erwachsenes Tier, nur viel kleiner

4 *Bei den Eidechsen gibt es — im Gegensatz zu den Fröschen — keine Larvenstadien, die eine Metamorphose durchmachen.*

5

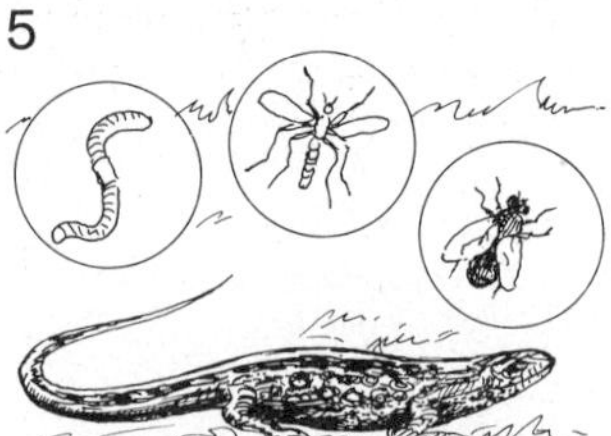

. . . Nahrung des Jungtieres (5).

kleine Insekten und deren Larven, Würmer

5 *Junge Eidechsen sind wie die erwachsenen Tiere Fleischfresser. Kaulquappen schaben den Algenbelag von Steinen und Wasserpflanzen ab.*

ISBN 3-12-030930-3

Die Fortpflanzung der Zauneidechse

Kriechtiere sind die einzigen wechselwarmen Wirbeltiere, die in trockenem Gelände leben und sich dort auch fortpflanzen können.

	1. Beschreibe zu den Abbildungen ...	2. Was ist bei der Eidechse anders als etwa bei einem Frosch?
1 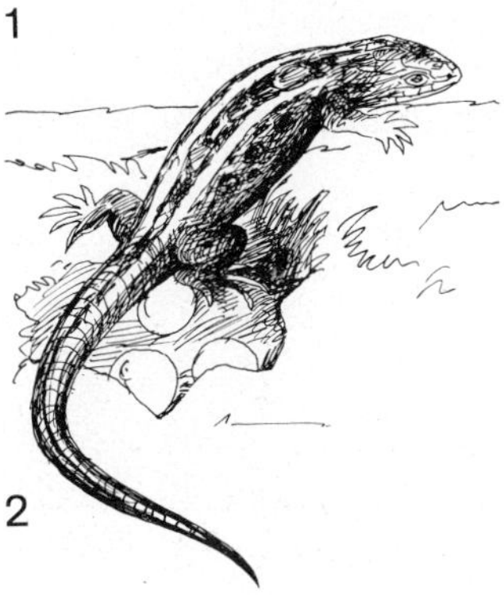	... Befruchtung, Eiablage (1).	1
2 	... Zahl und Aussehen der Eier (2).	2
3 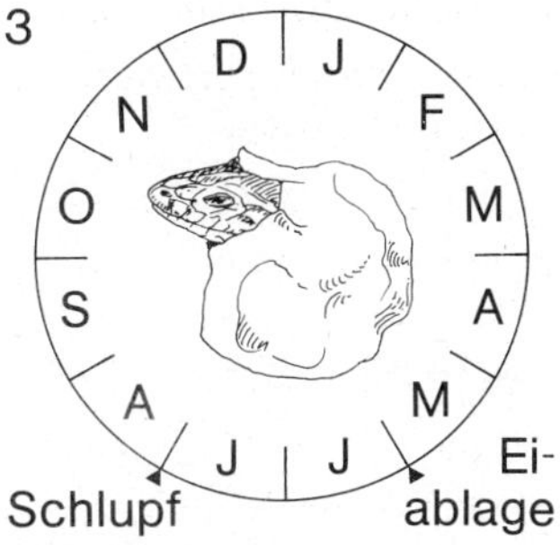	... Dauer der Entwicklung im Ei (3).	3
4 	... Aussehen des frisch geschlüpften Jungtieres (4).	4
5 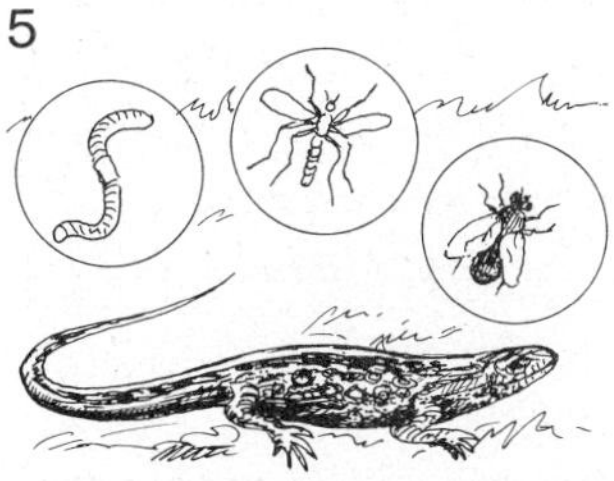	... Nahrung des Jungtieres (5).	5

ISBN 3-12-030930-3

1. Der Körperbau der Blindschleiche erinnert an den einer Schlange. Ihr Kopf sieht aber wie der einer Eidechse aus.

   a) Welche Merkmale an Körper und Kopf ergeben dieses Bild?

   b) Vergleiche die Skelette und die Bauchschuppen und entscheide dann endgültig.

Zu a): Schlangenmerkmal des Körpers:

- *schlangenartiger Körper ohne Beine*

Eidechsenmerkmale des Kopfes:

- *Kopf ist schmaler als der Hals*
  die Augen haben Augenlider

Zu b): Vergleich der Skelette:

- *Der Schwanz der Blindschleiche ist so lang wie der Körper (wie bei Eidechse).*
- *Er kann abgeworfen werden (wie bei Eidechse).*
- *Die Blindschleiche hat kleine Schulter- und Beckenknochen (nur die Eidechse hat solche Knochen).*

Vergleich der Bauchschuppen:

- *Auf der Bauchseite hat die Blindschleiche mehrere Schuppenreihen (wie die Eidechse, Schlangen haben nur eine Bauchschildreihe).*

Die Blindschleiche ist eine Eidechse!

 ISBN 3-12-030930-3

____

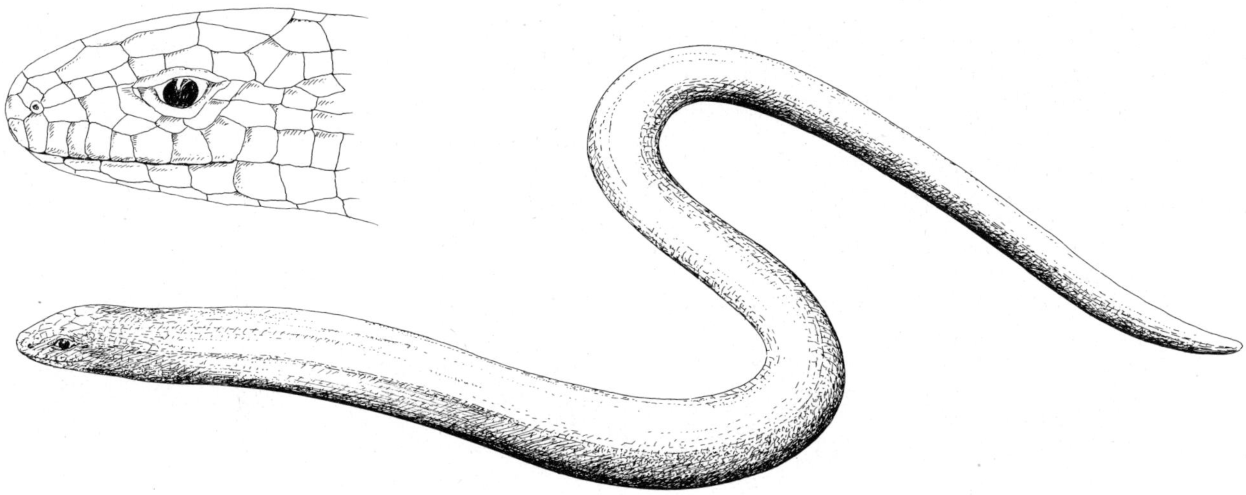

1. Der Körperbau der Blindschleiche erinnert an den einer Schlange. Ihr Kopf sieht aber wie der einer Eidechse aus.

   a) Welche Merkmale an Körper und Kopf ergeben dieses Bild?

   b) Vergleiche die Skelette und die Bauchschuppen und entscheide dann endgültig.

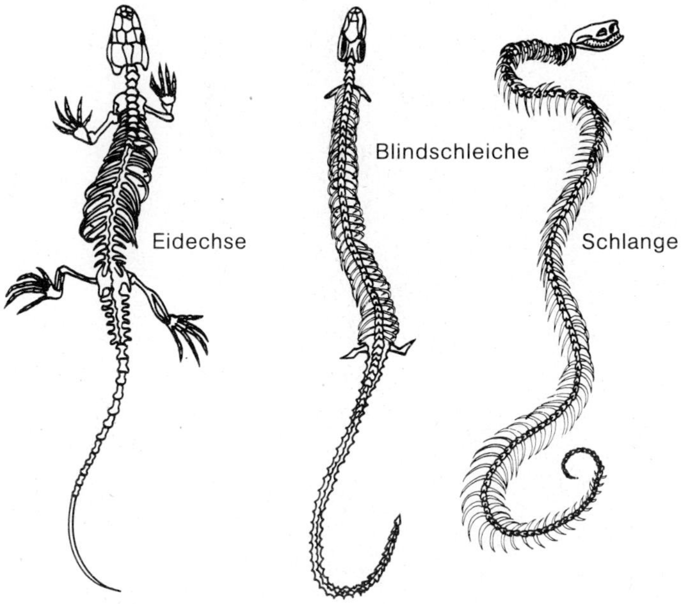

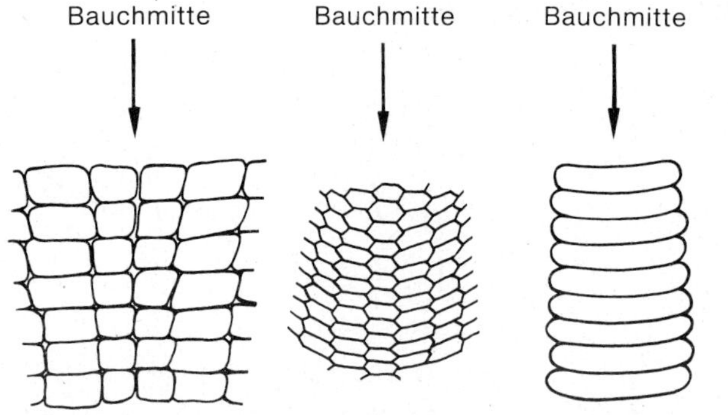

 ISBN 3-12-030930-3

1. Bei genauerem Hinsehen sind die Fortbewegungsweisen von Eidechse und Schlange gar nicht so unterschiedlich. Was ist bei beiden gleich, was ist unterschiedlich (a)? Vermute, wer schneller ist, wer besser durch dichtes Gras und Gestrüpp kommt; begründe (b). Wie können sich Eidechse und Schlange noch bewegen (c)?

a *Bei beiden findet sich eine Schlängelbewegung.*

Die Eidechse schiebt sich immer mit zwei Beinen vorwärts.

b *Die Eidechse läuft schneller als die Schlange, aber nur in offenem Gelände. In dichtem Bewuchs ist die Schlange der Eidechse überlegen. Sie benötigt keinen Raum, um die Beine aufzusetzen.*

c *Springen, klettern, schwimmen*

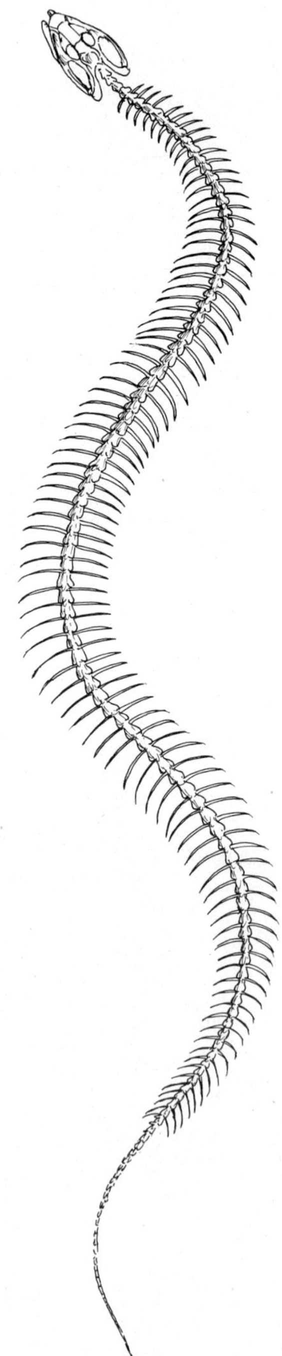

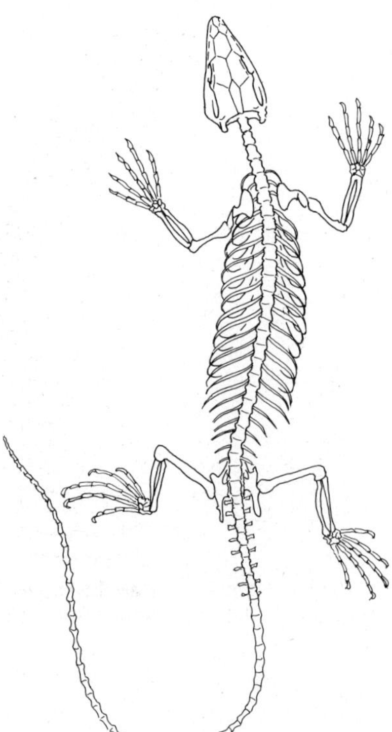

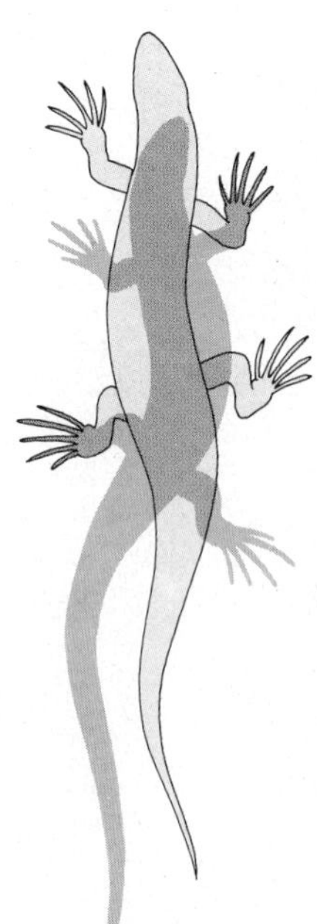

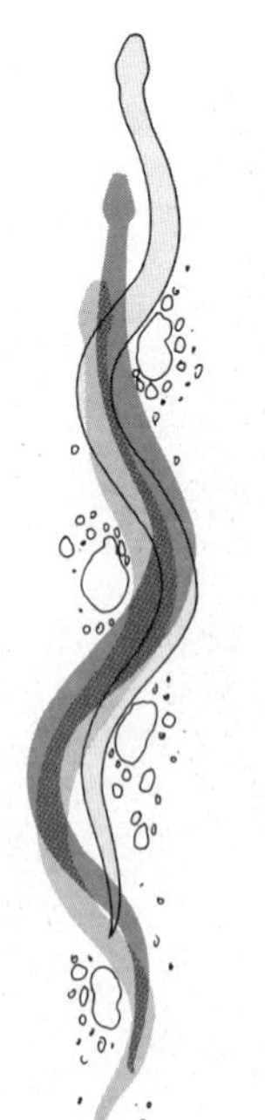

 ISBN 3-12-030930-3

1. Bei genauerem Hinsehen sind die Fortbewegungsweisen von Eidechse und Schlange gar nicht so unterschiedlich. Was ist bei beiden gleich, was ist unterschiedlich (a)? Vermute, wer schneller ist, wer besser durch dichtes Gras und Gestrüpp kommt; begründe (b). Wie können sich Eidechse und Schlange noch bewegen (c)?

a

b

c

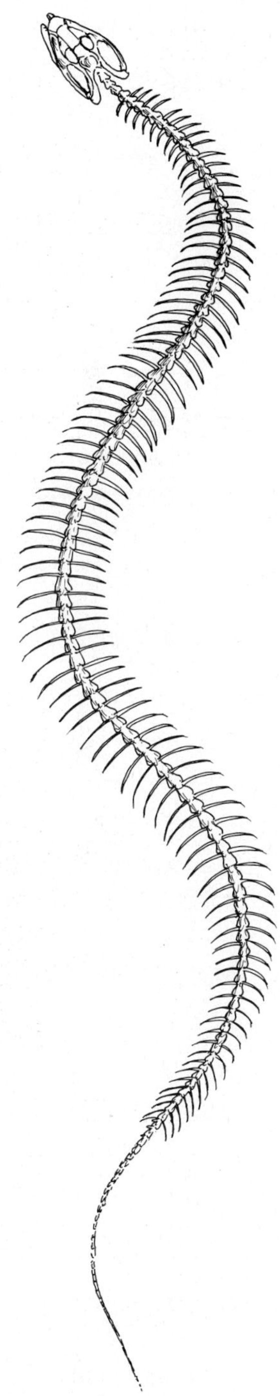

 ISBN 3-12-030930-3

1. Die Abbildung zeigt den Ruheplatz der Ringelnatter. Wie muß er beschaffen sein (a)? Warum ist er für die Ringelnatter wichtig (b)?

   a *Der Ruheplatz muß sonnig sein.*

   b *Die Ringelnatter gehört zu den wechselwarmen Tieren. Beim Sonnen wird der Körper der Schlange so weit erwärmt, daß sie genügend Wendigkeit und Schnelligkeit für die Jagd bekommt.*

2. Die Abbildung zeigt auch das Jagdrevier der Ringelnatter. Beschreibe es (a). Wie bewegt sich die Schlange dort fort, und wie findet sie ihre Beute (b)? Auf welche Tiere macht sie Jagd (c)?

   a *Es ist ein Feuchtbiotop mit dicht bewachsenen Ufern und offenem Wasser.*

   b *Die Ringelnatter kriecht und klettert, sie schwimmt aber auch gut. Sie sieht relativ schlecht. Beim Züngeln nimmt sie Gerüche der Umgebung auf. Mit ihrem feinen Geruchssinn spürt die Schlange ihre Beute auf.*

   c *Die Beute sind meist wechselwarme Wirbeltiere ihres Lebensraumes: Fische, Molche, Frösche, aber auch Eidechsen.*

ISBN 3-12-030930-3

1. Die Abbildung zeigt den Ruheplatz der Ringelnatter. Wie muß er beschaffen sein (a)? Warum ist er für die Ringelnatter wichtig (b)?

a

b

2. Die Abbildung zeigt auch das Jagdrevier der Ringelnatter. Beschreibe es (a). Wie bewegt sich die Schlange dort fort, und wie findet sie ihre Beute (b)? Auf welche Tiere macht sie Jagd (c)?

a

b

c

ISBN 3-12-030930-3

1. Beschreibe die Schlange. Um welche Schlange wird es sich wohl handeln?

   Die Schlange ist dunkelgrau, mit einem dunklen Zickzackband auf dem Rücken. Sie hat einen 70 cm langen, plumpen Körper, ihre Pupillen sind geschlitzt. Es handelt sich um eine Kreuzotter.

2. Finde heraus, wie die Schlange die Maus entdeckt, und wieso es ihr möglich ist, der Spur der Maus zu folgen.

   Die Kreuzotter sieht die Beute. Sie züngelt und nimmt dabei den Geruch auf. Sie folgt der Spur der Maus.

3. Berichte über die Bewegungen der Schlange.

   Die Kreuzotter windet sich mit starken Körpermuskeln vorwärts. Die Bauchschienen stemmen sich in die Unebenheiten des Bodens. Das geht so unbemerkt, daß kein Grashalm bewegt wird.

4. Berichte über den Beutefang.

   Der Kopf der Kreuzotter schnellt vor, die Giftzähne klappen heraus und dringen tief in die Maus ein. Wenn die Maus tot ist, wird sie verschlungen.

ISBN 3-12-030930-3

Schon sehr früh stieg die Sonne hinter den dunklen Moorkiefern empor. Schnell erwärmte sie den Boden. Mit den ersten Sonnenstrahlen kroch auch die dunkelgraue Schlange aus ihrem Versteck unter dem alten Baumstumpf hervor. Nur wenige Meter davon entfernt hat sie auf einem flachen Stein ihr Ruheplätzchen. Fest drückt sie den etwa 70 cm langen und recht plumpen Körper in einer großen Windung auf den Stein. Um möglichst viel von der aufsteigenden Wärme aufnehmen zu können, spreizt sie die Rippen und wird dadurch ganz flach. Man muß schon genau hinsehen, um das dunkle Zickzackband auf der Rückenmitte, das hinter dem kaum vom Körper abgesetzten Kopf beginnt, zu erkennen.

Da! Vor ihren starren Augen mit den geschlitzten Pupillen läuft eine Maus durchs Gras. Aufgeregt beginnt das Reptil zu züngeln, um den Geruch aufzunehmen. In kurzen schnellen Windungen folgt es der Maus. Starke Körpermuskeln treiben die Schlange vorwärts. Dabei stemmt sie ihre Bauchschienen in die Unebenheiten des Bodens.

Fast hat die Schlange die Maus erreicht. Immer aufgeregter und schneller wird das Züngeln. Seelenruhig knabbert die Maus an einem Stückchen Holz. Zentimeter um Zentimeter gleitet das Reptil vorwärts, ohne dabei Grashalme zu bewegen. Urplötzlich schnellt das muskulöse Tier vor, das Maul öffnet sich, die beiden großen Giftzähne richten sich auf und dringen tief in die Maus ein. Schnell zuckt die Schlange wieder zurück, die Maus läuft laut quiekend davon.

Kurze Zeit später nimmt die Schlange wieder die Spur auf. Bald erreicht sie die Maus. Diese zuckt noch ein wenig und verendet schließlich. Nun sucht die Schlange mit der Schnauzenspitze den Kopf der Maus und legt sich den Körper so zurecht, daß sie ihn mit dem Kopf voran verschlingen kann.

Bald wird das Reptil wieder seinen Ruheplatz einnehmen und die Beute verdauen.

1. Beschreibe die Schlange. Um welche Schlange wird es sich wohl handeln?
2. Finde heraus, wie die Schlange die Maus entdeckt, und wieso es ihr möglich ist, der Spur der Maus zu folgen.
3. Berichte über die Bewegungen der Schlange.
4. Berichte über den Beutefang.

ISBN 3-12-030930-3

Wir vergleichen Ringelnatter und Kreuzotter

1. Die Abbildungen zeigen eine Ringelnatter und eine Kreuzotter in Ruhestellung beim Sonnen.

   a) Welches ist die Ringelnatter? Trage die Namen der Schlangen unter die Abbildungen in die Leerzeilen ein.

   b) Versuche die Bezeichnung Ringelnatter von der Ruhestellung beim Sonnen her zu erklären, die der Kreuzotter von ihrer Zeichnung her.

Ringelnatter	*Kreuzotter*
Sie legt sich zum	*Sie hat ein Kreuz*
Sonnen in Windungen.	*auf dem Kopf.*

2. Wichtige Unterscheidungsmerkmale von Ringelnatter und Kreuzotter sind am Kopf der beiden Schlangen zu finden. Betrachte die Abbildungen und fülle die Tabelle aus.

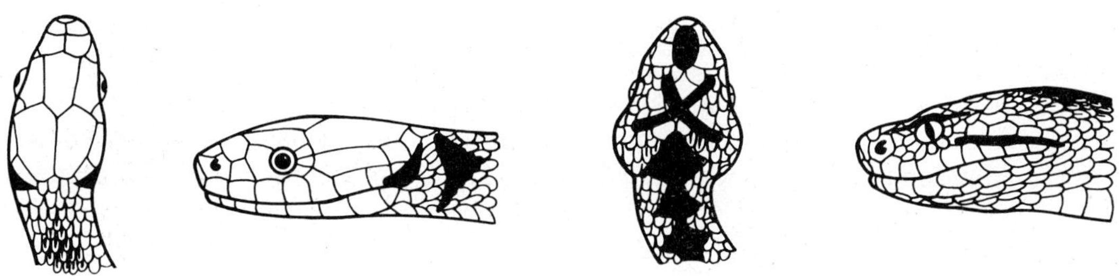

	Ringelnatter	Kreuzotter
Beschuppung der Kopfoberseite	*große Hornplatten*	*viele kleine Hornplatten*
Beschuppung zwischen Auge und Mundspalte	*1 Schuppenreihe*	*2 Schuppenreihen*
Pupillenform	*rund*	*spaltförmig, senkrecht*
Kopfumriß von der Seite	*oval*	*vorne abgestumpft*
Kopfumriß von oben	*oval*	*dreieckig*
Farbkennzeichen	*oliv mit gelbem Halbmond hinter dem Ohr*	*grau mit schwarzer Zeichnung*

ISBN 3-12-030930-3

1. Die Abbildungen zeigen eine Ringelnatter und eine Kreuzotter in Ruhestellung beim Sonnen.

   a) Welches ist die Ringelnatter? Trage die Namen der Schlangen unter die Abbildungen in die Leerzeilen ein.

   b) Versuche die Bezeichnung Ringelnatter von der Ruhestellung beim Sonnen her zu erklären, die der Kreuzotter von ihrer Zeichnung her.

2. Wichtige Unterscheidungsmerkmale von Ringelnatter und Kreuzotter sind am Kopf der beiden Schlangen zu finden. Betrachte die Abbildungen und fülle die Tabelle aus.

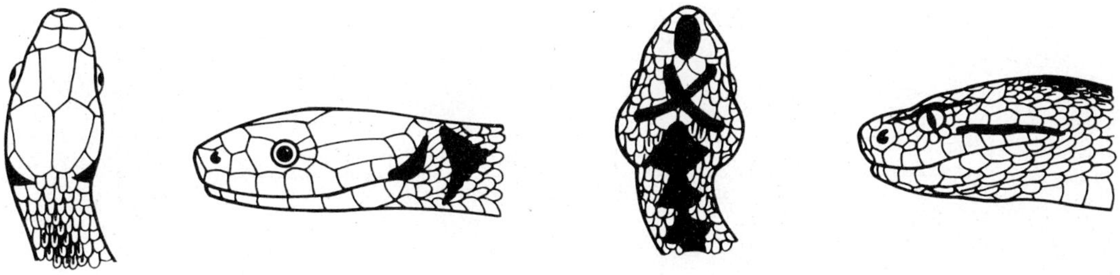

	Ringelnatter	Kreuzotter
Beschuppung der Kopfoberseite		
Beschuppung zwischen Auge und Mundspalte		
Pupillenform		
Kopfumriß von der Seite		
Kopfumriß von oben		
Farbkennzeichen		

ISBN 3-12-030930-3

Die Kreuzotter

1. Erkläre, wie die beiden langen Giftzähne herausgeklappt werden.

2. Wie gelangt das Gift in den Körper der Beute?

3. Die Kreuzotter hält ihre Beute nicht mit dem ersten Biß fest, sondern verfolgt sie erst einen Moment später. Warum?

Zu 1.: Die Giftzähne sind über Gelenke mit den Schädelknochen verbunden. Durch Verschiebung des Oberkiefers durch das Quadratbein werden sie ausgeklappt.

Zu 2.: Im Giftzahn ist eine zweite Zahnhöhle, der Giftkanal, der an der Zahnspitze eine Öffnung hat, und in den an der Wurzel die Giftdrüse mündet. Wie mit einer Injektionsnadel wird das Gift in das Beutetier gespritzt.

Zu 3.: Die Kreuzotter läßt sich auf keinen Kampf ein, da die Maus mit ihren scharfen Nagezähnen beißen könnte. Die Schlange sticht blitzschnell zu und zieht sich im gleichen Moment zurück. Erst das tote Tier wird gefahrlos aufgesucht und verschlungen.

Die Ringelnatter

4. Welchen Nachteil hat es, daß die Ringelnatter ihr Opfer nicht töten kann?

5. Hat die Schlange zugebissen, gibt es für die Beute kein Entrinnen. Erkläre hierzu die besondere Bauweise des Gebisses. Vergleiche mit der Kreuzotter.

Zu 4.: Die Ringelnatter muß ihr Opfer lebendig verschlingen. Dabei kann sich das Opfer wehren und versuchen zu entkommen. Die Ringelnatter könnte im Kampf verletzt werden, wenn sie nicht ausschließlich wehrlose wechselwarme Beute nähme. Sie muß diese Tiere beim ersten Biß unnachgiebig festhalten.

Zu 5.: An Ober- und Unterkiefer der Ringelnatter finden sich viele spitze, nach hinten gerichtete Zähne, die sich wie Widerhaken in das Opfer graben. Die Kreuzotter hat ein ähnliches Gebiß, aber nicht so viele Zähne.

ISBN 3-12-030930-3

Die Kreuzotter

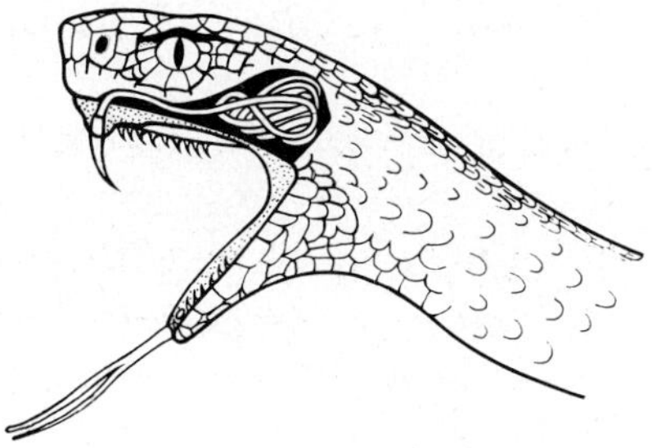

1. Erkläre, wie die beiden langen Giftzähne herausgeklappt werden.
2. Wie gelangt das Gift in den Körper der Beute?
3. Die Kreuzotter hält ihre Beute nicht mit dem ersten Biß fest, sondern verfolgt sie erst einen Moment später. Warum?

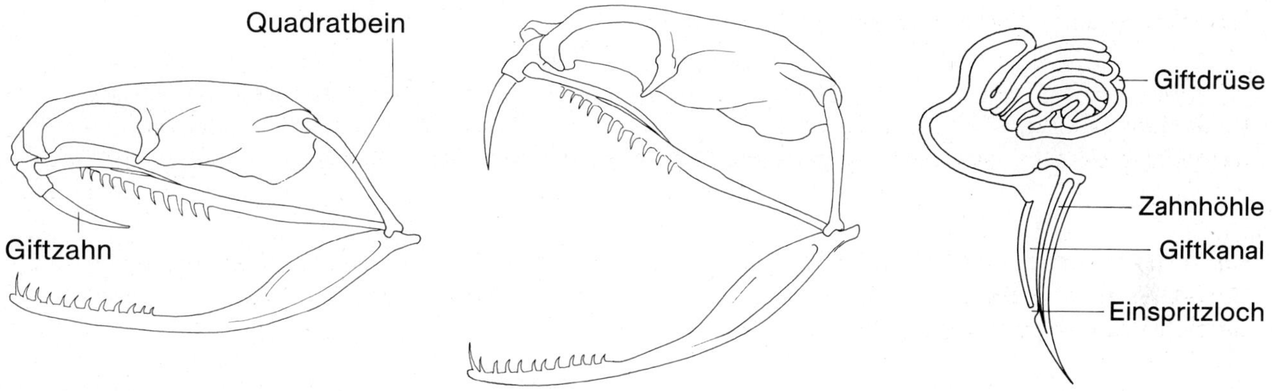

Das Tötungsgebiß der Kreuzotter

Die Ringelnatter

4. Welchen Nachteil hat es, daß die Ringelnatter ihr Opfer nicht töten kann?
5. Hat die Schlange zugebissen, gibt es für die Beute kein Entrinnen. Erkläre hierzu die besondere Bauweise des Gebisses. Vergleiche mit der Kreuzotter.

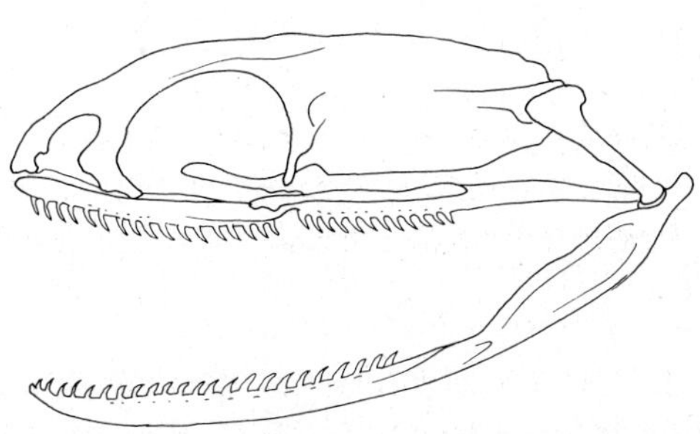

Das Fanggebiß der Ringelnatter

ISBN 3-12-030930-3

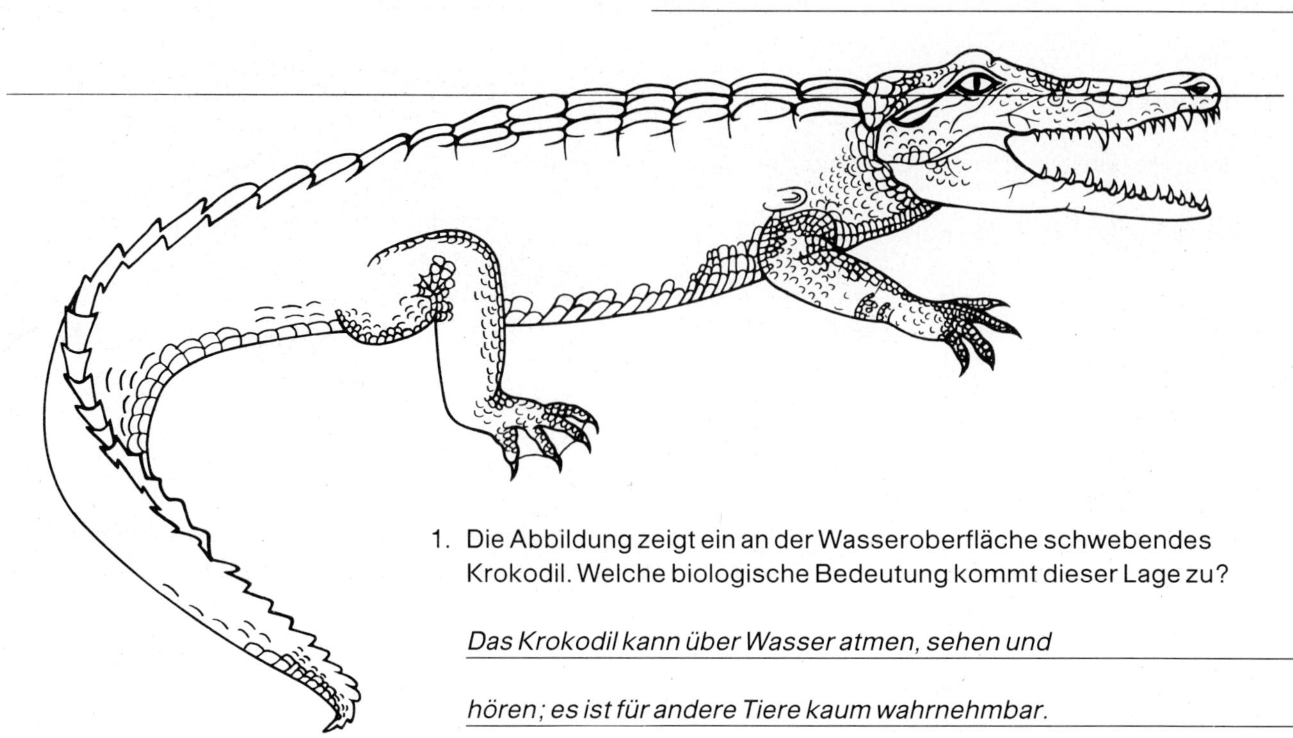

1. Die Abbildung zeigt ein an der Wasseroberfläche schwebendes Krokodil. Welche biologische Bedeutung kommt dieser Lage zu?

Das Krokodil kann über Wasser atmen, sehen und hören; es ist für andere Tiere kaum wahrnehmbar.

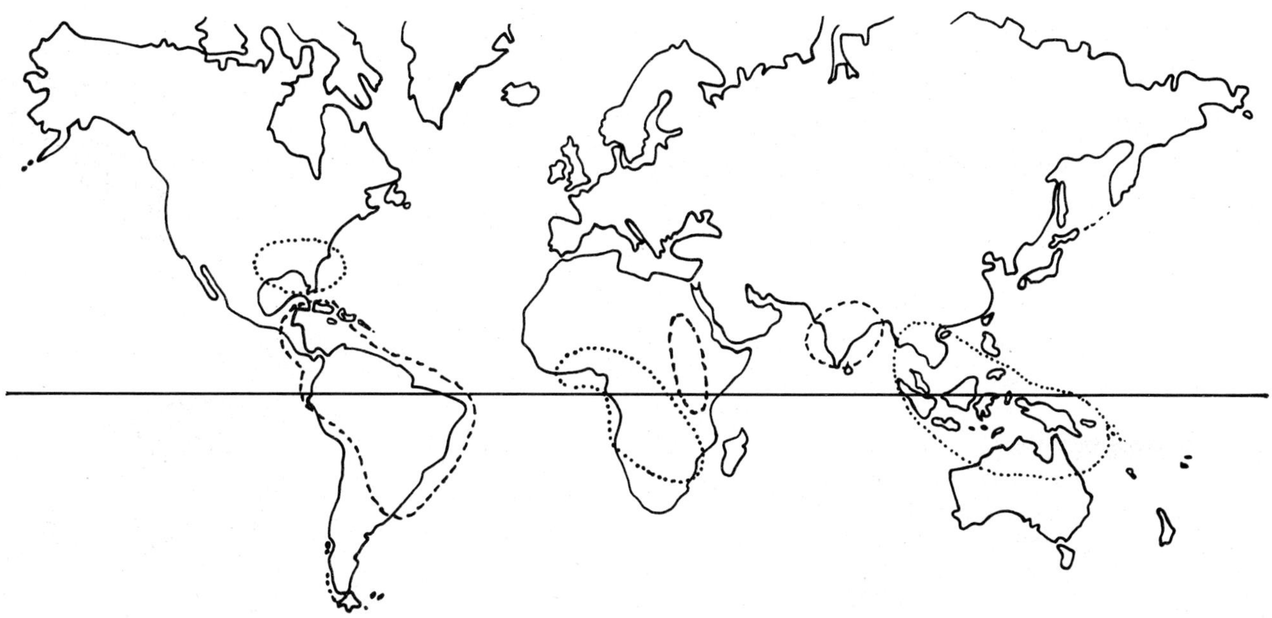

1. a) Zeichne in die Weltkarte den Äquator ein.
   b) Trage in die Karte mit verschiedenen Farben das Vorkommen der wichtigsten Krokodile ein: Alligatoren — Süden Nordamerikas (Mississippi); Gaviale — Indien (Ganges), Malaiischer Archipel; Kaimane — Mittelamerika, tropisches Südamerika (Amazonas); Leistenkrokodil — Südostasien, Nordaustralien; Nilkrokodil — Ostafrika; Stumpfkrokodil — tropisches Westafrika (Kongo)
   c) Was läßt sich über die Verbreitung der Krokodile aussagen?

Vorkommen in Äquatornähe, also in feucht-heißen Gegenden

ISBN 3-12-030930-3

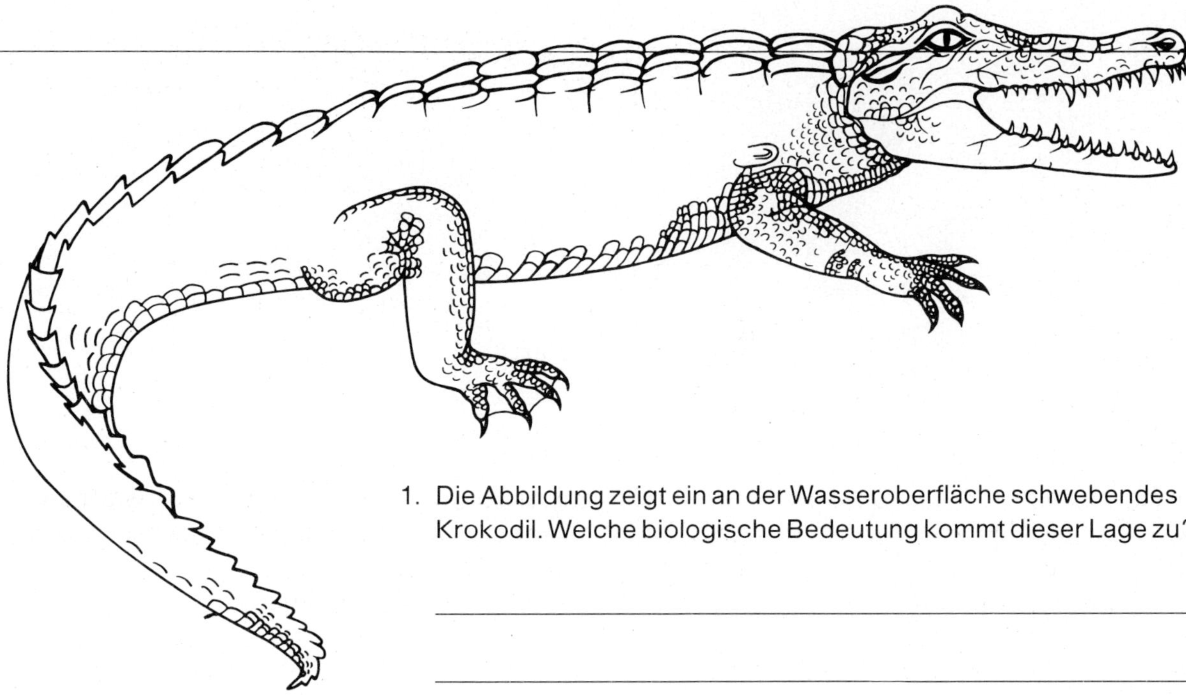

1. Die Abbildung zeigt ein an der Wasseroberfläche schwebendes Krokodil. Welche biologische Bedeutung kommt dieser Lage zu?

1. a) Zeichne in die Weltkarte den Äquator ein.
   b) Trage in die Karte mit verschiedenen Farben das Vorkommen der wichtigsten Krokodile ein: Alligatoren — Süden Nordamerikas (Mississippi); Gaviale — Indien (Ganges), Malaiischer Archipel; Kaimane — Mittelamerika, tropisches Südamerika (Amazonas); Leistenkrokodil — Südostasien, Nordaustralien; Nilkrokodil — Ostafrika; Stumpfkrokodil — tropisches Westafrika (Kongo)
   c) Was läßt sich über die Verbreitung der Krokodile aussagen?

ISBN 3-12-030930-3

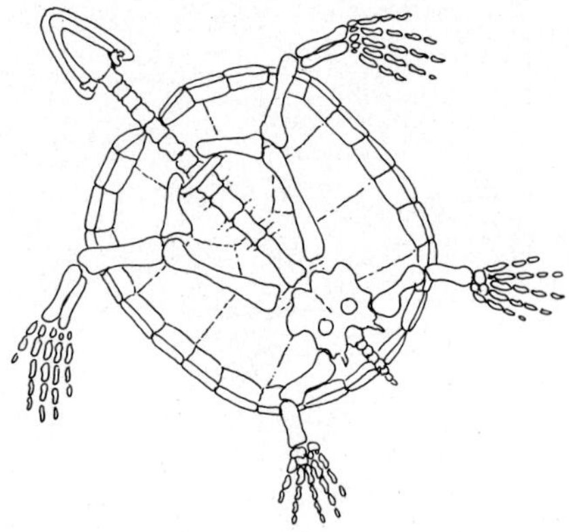

1. Trage die Anzahl der Schilder in die Leerzeilen ein und kennzeichne in den Abbildungen oben jede Schildart mit einer besonderen Farbe.

Wirbelschilder *5*

Rippenschilder *8*

Randschilder *24*

2. Beschrifte die beiden Abbildungen.

Landschildkröte

Meeresschildkröte

3. Unterscheide Land- und Meeresschildkröten, fülle die Tabelle aus.

	Landschildkröte	Meeresschildkröte
Körperumriß von der Seite gesehen	 *hoch*	 *flach*
Form und Aufgabe der Vorder- und Hinterbeine	*kurze, stämmige Beine mit verwachsenen Zehen zum Stemmen, Schieben, Graben geeignet*	*Beine wie Paddel ausgebildet zum Schwimmen geeignet*

ISBN 3-12-030930-3

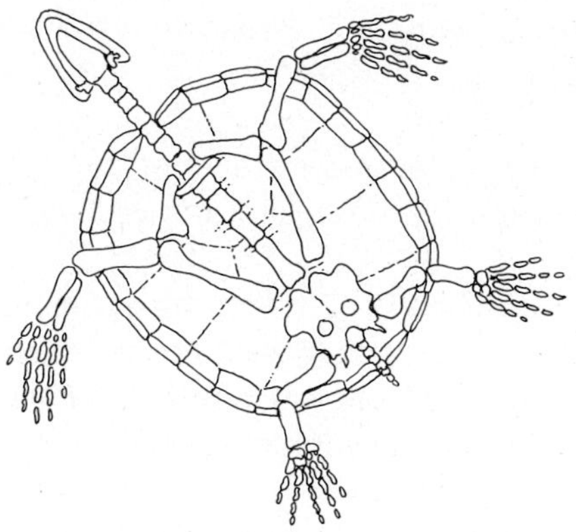

1. Trage die Anzahl der Schilder in die Leerzeilen ein und kennzeichne in den Abbildungen oben jede Schildart mit einer besonderen Farbe.

Wirbelschilder ____________

Rippenschilder ____________

Randschilder ____________

2. Beschrifte die beiden Abbildungen.

3. Unterscheide Land- und Meeresschildkröten, fülle die Tabelle aus.

	Landschildkröte	Meeresschildkröte
Körperumriß von der Seite gesehen		
Form und Aufgabe der Vorder- und Hinterbeine		

ISBN 3-12-030930-3

Als Terrarium für die Einrichtungsbeispiele reicht ein ausgedientes Aquarium, im zweiten Fall braucht es nicht einmal wasserdicht zu sein. Man muß sich nur eine passende Abdeckung besorgen.

Die aufgeführten Tiere sind leicht zu halten („Anfängerpfleglinge"). Aber auch sie brauchen mehr Pflege als z. B. Aquarienfische, und der Terrarianer sollte sich möglichst bald in weiterführende Literatur vertiefen.

In I. M. Aleven — „Alles über das Terrarium", Alfred Kernen Verlag, Stuttgart 1970, bekommt er Anleitungen zum Eigenbau, genauere Einrichtungshinweise, auch für acht weitere Terrarientypen (Felsenterrarium, Wüstenterrarium, Heideterrarium, Waldterrarium, tropisches Regenwaldterrarium, tropisches Sumpfterrarium und tropisches Uferterrarium), Hinweise zur Futtertierzucht und Pflegebeschreibungen der verschiedenen Tiere.

Besonders umfangreiche und geordnete Angaben, vor allem für den fortgeschrittenen Terrarianer, finden sich in P. H. Stettler — „Handbuch der Terrarienkunde", Kosmos/Franckh'sche Verlagshandlung, Stuttgart 1978.

Weitere Literaturhinweise in G. Rothfuchs — „Stundenblätter Fische — Lurche — Kriechtiere", Ernst Klett Verlag, Stuttgart.

ISBN 3-12-030930-3

Zu Hause kannst du Reptilien halten, die nachweislich aus Nachzuchten stammen. Beachte:
- Reptilien brauchen einen Platz zum Sonnen, entweder direkt am Fenster oder unter einer Heizlampe.
- Damit es zu keinem Wärmestau kommt, muß am Terrarium eine ausreichende Lüftung vorhanden sein.
- Die Tiere müssen sich vertragen (Rotwangenschildkröten sind bissig, Eidechsenmännchen neigen zu Rivalenkämpfen).
- Bewohner und Terrarientyp müssen zueinander passen (Beispiele unten).

Sumpfterrarium (feucht — kühl) — oben
Boden: Flußsand oder Moorerde, Steine, Kies, Rindenstück, knorriger Ast
Pflanzen: Wasser- und Sumpfpflanzen wie Pfeilkraut, Sumpfdotterblume, Quellmoos
Tierbesatz: Strumpfbandnatter (Kanada)
Futter: Regenwürmer, Nacktschnecken, Fische
Pflege: Wasserwechsel, Reinigung

Sandterrarium (trocken — warm) — unten
Boden: Sand (Dünensand), Steine, Wurzel, Ast
Pflanzen: Sansevieria, Farn, Heidekraut, Efeu in Blumentöpfen, Mauerpfeffer
Tierbesatz: Ruineneidechse (Italien)
Futter: Mehlwürmer, Fliegenmaden, Kellerasseln, Insekten (abwechslungsreich!)
Lacerta galotti (Kanarische Inseln)
Futter: Früchte (Beeren), Samen, getrocknete Kräuter, Pudding, Quark, Katzenmenü, Schnecken
Pflege: täglich frisches Wasser, Pflanzen gießen, Reinigung, gelegentlich frischer Sand

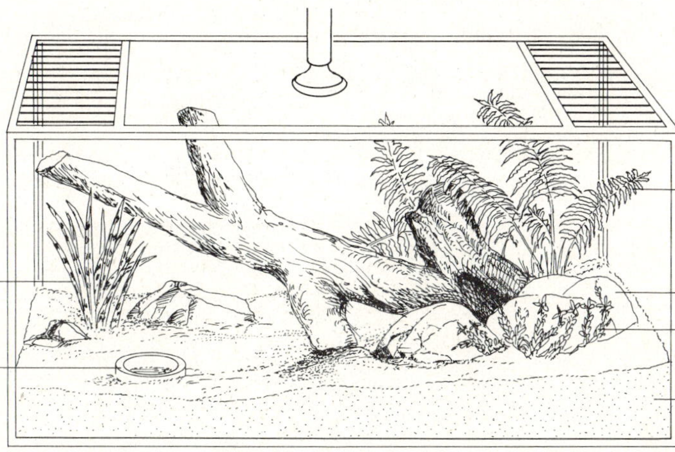

 ISBN 3-12-030930-3

1. Du willst Eidechsen beobachten und fotografieren. Wo in Abbildung A würdest du nach ihnen suchen?
   a) Beschreibe die Stellen zunächst allgemein.
   b) Benenne dann drei unterschiedliche Stellen genauer und übertrage die Zeichen (△ , ○ , □) an entsprechende Plätze in der abgebildeten Landschaft.

A

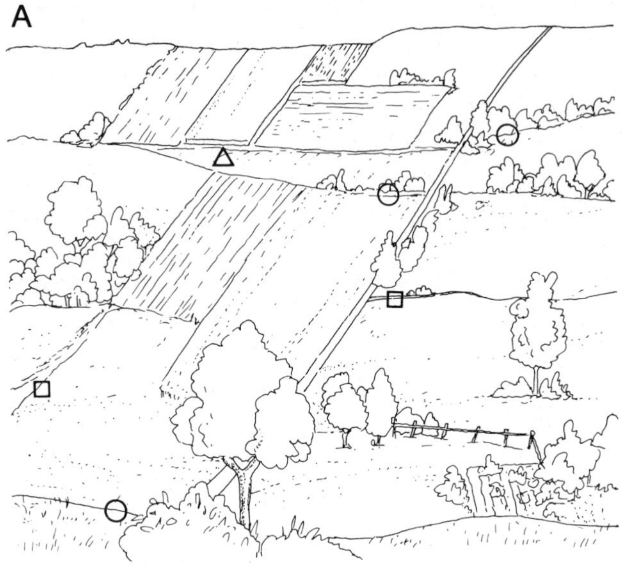

a) *sonnige Stellen mit geeigneten Verstecken (Steinhaufen u. ä.) und abwechslungsreichem Bewuchs, in dem die entsprechenden Beutetiere Lebensmöglichkeiten finden, z. B.*

b)
△ *Böschungen*
○ *Gehölzränder*
□ *Feldraine*

2. Ausgeräumte Landschaft! — Man erkennt kaum, daß es dieselbe Landschaft wie in Abbildung A ist.
   Schreibe in Stichworten auf, was hier passiert ist, und welche Folgen das für die Pflanzen- und Tierwelt hat.

B

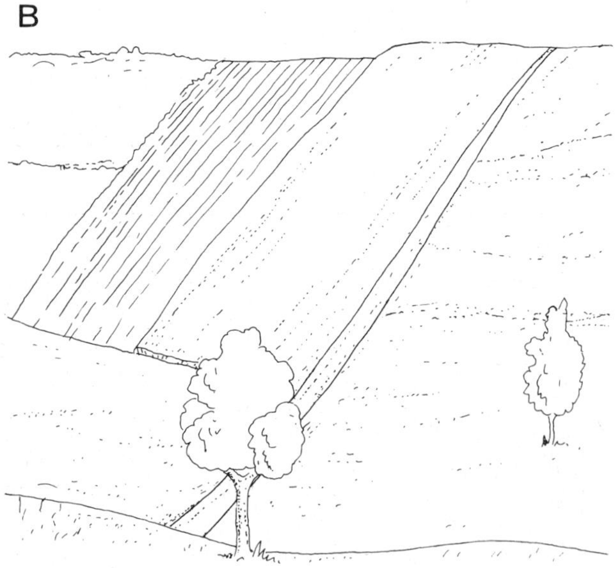

Flurbereinigung, damit verbunden das Verschwinden von Hecken und Feldrainen zugunsten vergrößerter Ackerflächen — veränderte landwirtschaftliche Methoden (Mechanisierung)

Verschwinden von vielen Kleinlebensräumen, damit verbunden eine Verarmung der Pflanzen- und Tierwelt

ISBN 3-12-030930-3

1. Du willst Eidechsen beobachten und fotografieren. Wo in Abbildung A würdest du nach ihnen suchen?
   a) Beschreibe die Stellen zunächst allgemein.
   b) Benenne dann drei unterschiedliche Stellen genauer und übertrage die Zeichen (△, ○, □) an entsprechende Plätze in der abgebildeten Landschaft.

A

a)

b)
△
○
□

2. Ausgeräumte Landschaft! — Man erkennt kaum, daß es dieselbe Landschaft wie in Abbildung A ist. Schreibe in Stichworten auf, was hier passiert ist, und welche Folgen das für die Pflanzen- und Tierwelt hat.

B

 ISBN 3-12-030930-3

ICHTHYOSAURIER (= Fischechsen) waren bis 6 m lange, fischähnliche Reptilien der Kreidezeit. Warum wir heute etwas von ihnen wissen, zeigt die Bildleiste. Erzähle die Geschichte nach!

Die Geschichte könnte in etwa so aussehen:

Fischsaurier lebten im Wasser. Wenn ein Tier starb, sank dessen Leichnam zum Gewässerboden ab. Der tote Saurier wurde in Schlick eingebettet. Die Weichteile des Tieres verwesten, doch wurde durch weitere Sedimentation bald der Zutritt von Sauerstoff verhindert. Im Wasser gelöste Mineralien drangen in die Reste des Körpers ein — die Knochen versteinerten. Immer mehr Sediment lagerte sich ab. Durch Druck wurde es zu Gestein verfestigt. Der ursprüngliche Meeresboden wurde schließlich Land. Als an dieser Stelle ein Steinbruch angelegt wurde, stieß man bei den Arbeiten auf das in die Gesteinsschichten eingebettete Fossil. Anhand des präparierten versteinerten Tieres kann man verschiedene Baumerkmale untersuchen. Aus den Baumerkmalen wiederum kann man die Lebensweise ableiten.

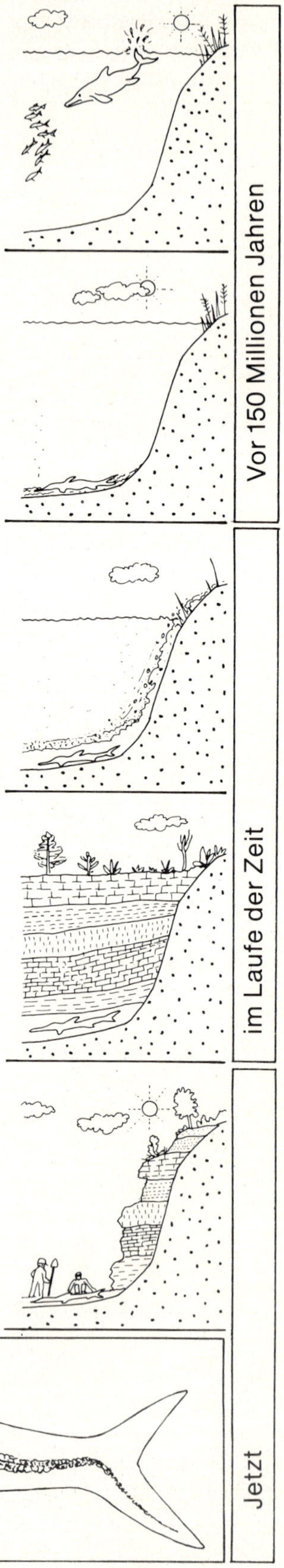

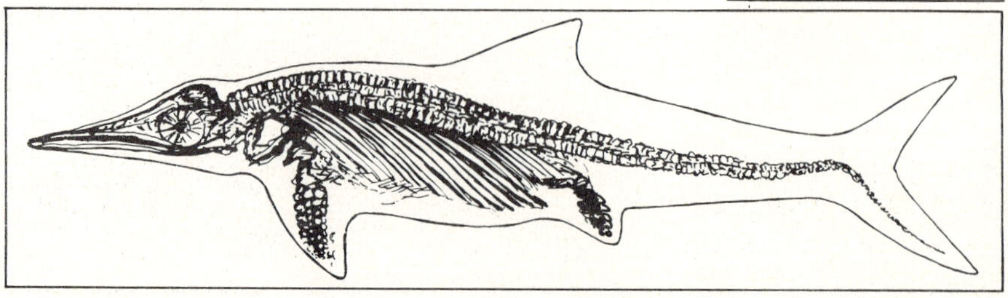

Das erste vollständige Ichthyosaurierskelett wurde 1859 von Bernhard Hauff in Holzmaden geborgen.

ISBN 3-12-030930-3

ICHTHYOSAURIER (= Fischechsen) waren bis 6 m lange, fischähnliche Reptilien der Kreidezeit. Warum wir heute etwas von ihnen wissen, zeigt die Bildleiste. Erzähle die Geschichte nach!

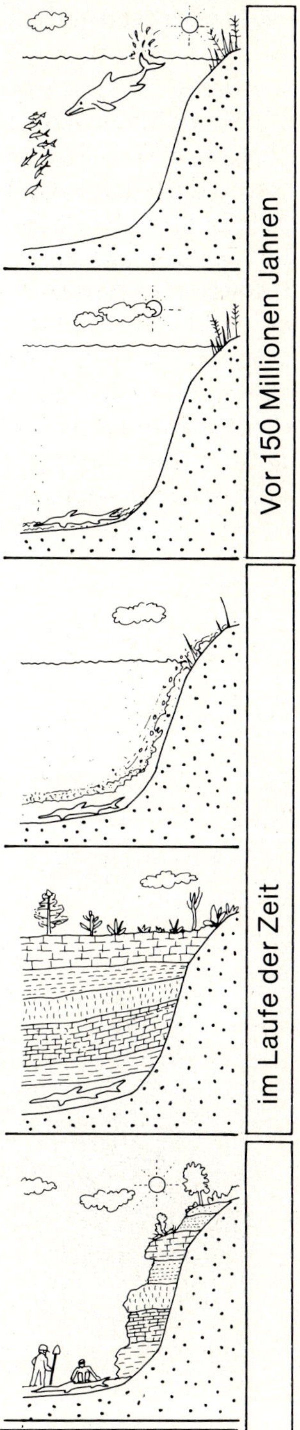

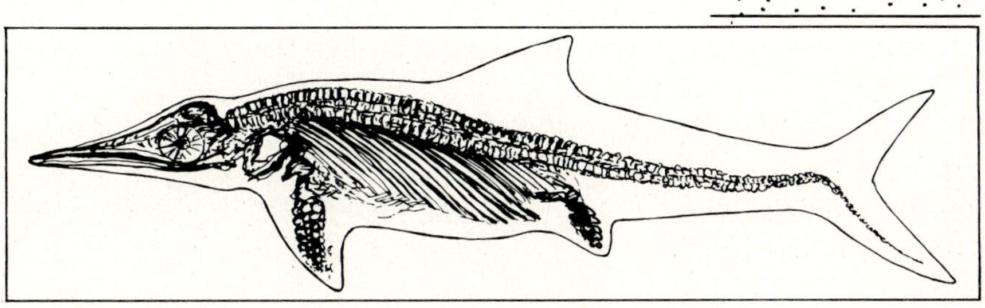

Das erste vollständige Ichthyosaurierskelett wurde 1859 von BERNHARD HAUFF in Holzmaden geborgen.

ISBN 3-12-030930-3

In den verschiedenen Schichten der Erdkruste findet man immer wieder Versteinerungen von Pflanzen und Tieren. Durch besonders günstige Umstände haben sich Reste von Lebewesen oder Abdrücke von ihnen in Stein verwandelt und sind über Jahrmillionen erhalten geblieben. Auch über heute ausgestorbene Kriechtiere, die Saurier, hat man auf diese Weise Aufschluß bekommen. Sie stellten in der Jura- und Kreidezeit die vorherrschenden Tierformen dar. Das war vor etwa 150 Millionen Jahren.

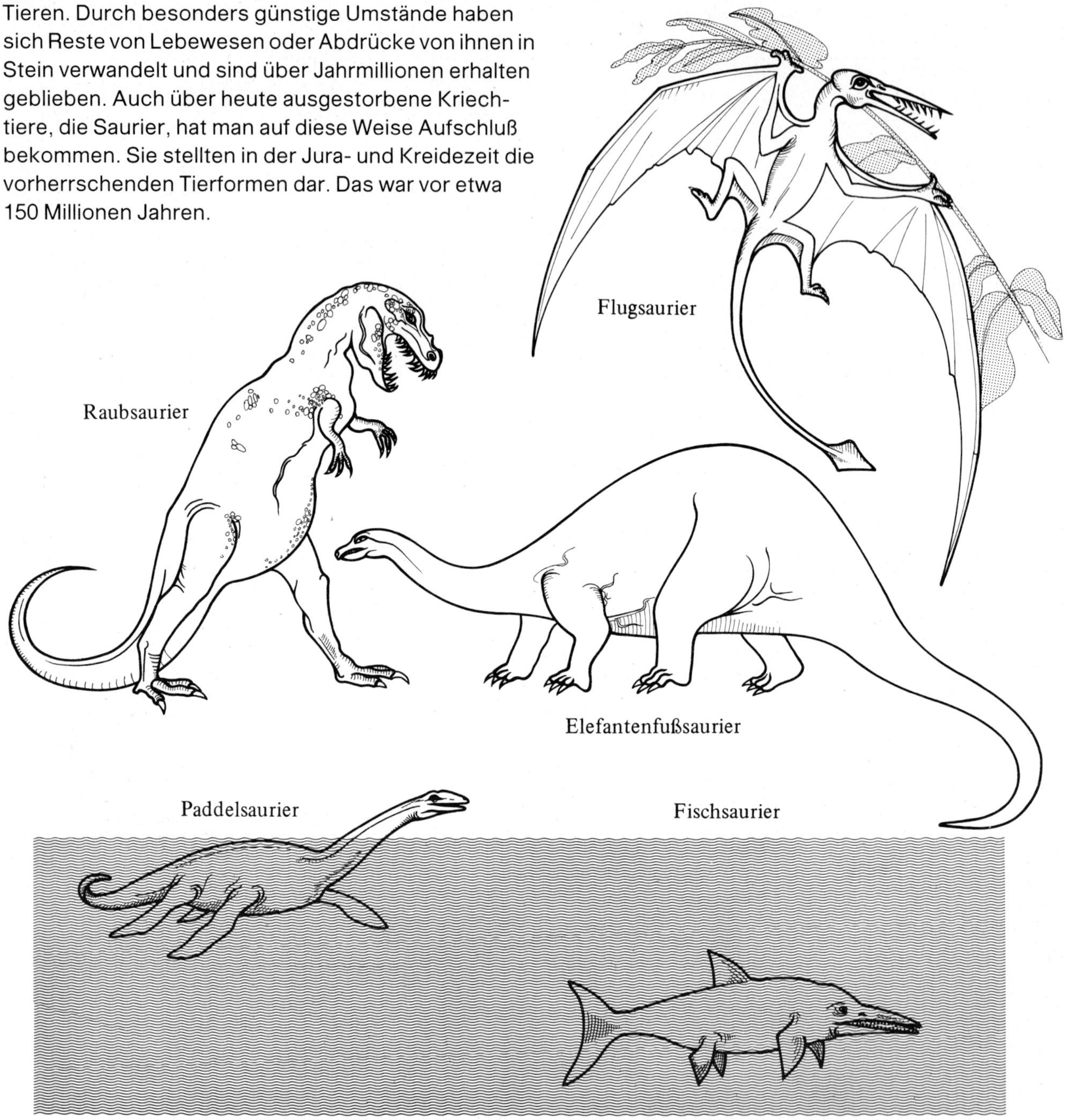

1. Welche Lebensräume bewohnten die dargestellten Saurier? *Paddelsaurier und Fischsaurier lebten im Wasser (Paddelfüße, Flossen) — Elefantenfußsaurier und Raubsaurier lebten an Land (Laufbeine) — Flugsaurier haben den Luftraum erobert (zu Flügeln umgewandelte Vordergliedmaßen)*

ISBN 3-12-030930-3

In den verschiedenen Schichten der Erdkruste findet man immer wieder Versteinerungen von Pflanzen und Tieren. Durch besonders günstige Umstände haben sich Reste von Lebewesen oder Abdrücke von ihnen in Stein verwandelt und sind über Jahrmillionen erhalten geblieben. Auch über heute ausgestorbene Kriechtiere, die Saurier, hat man auf diese Weise Aufschluß bekommen. Sie stellten in der Jura- und Kreidezeit die vorherrschenden Tierformen dar. Das war vor etwa 150 Millionen Jahren.

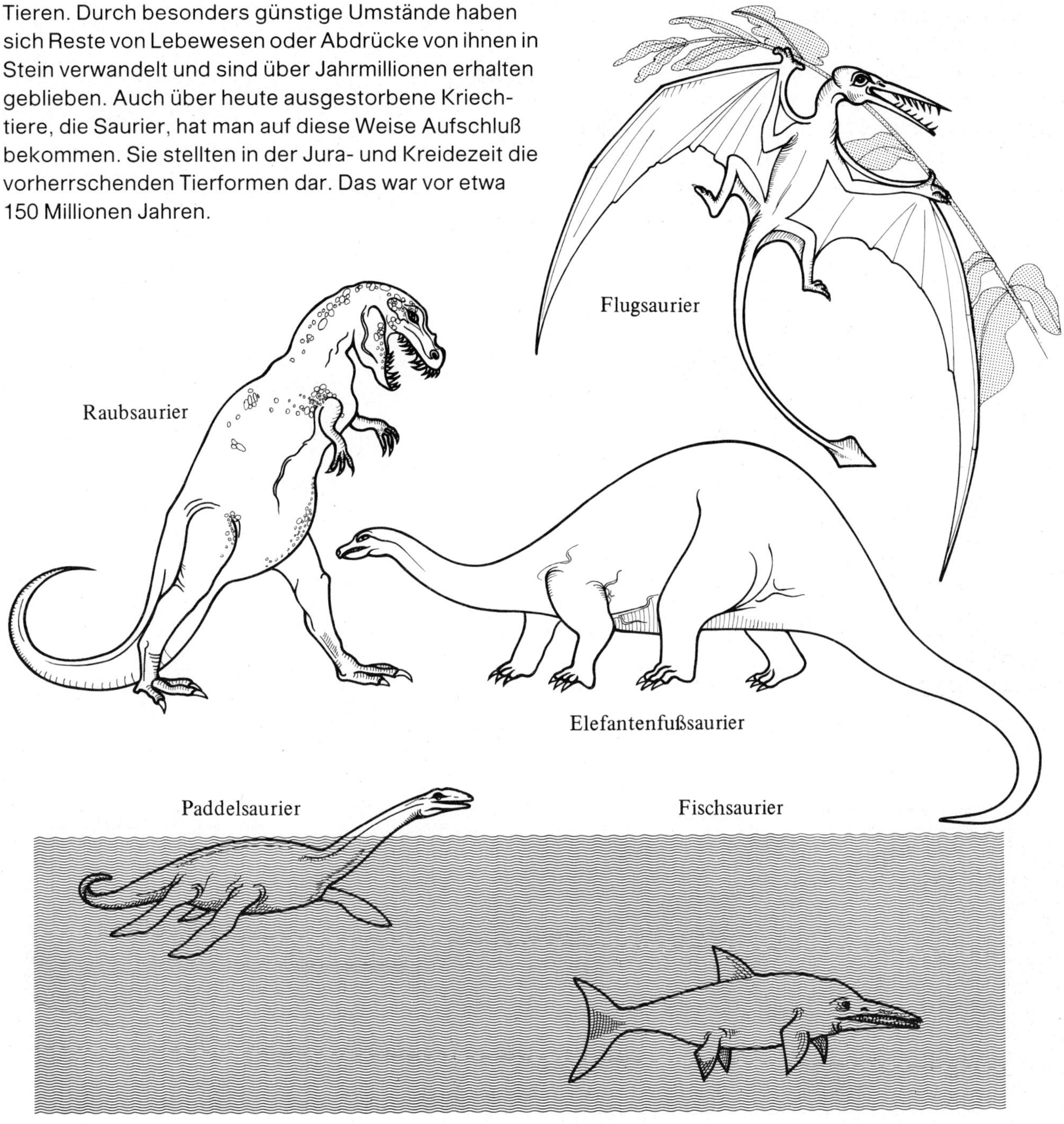

1. Welche Lebensräume bewohnten die dargestellten Saurier?

ISBN 3-12-030930-3

Lebensraum	Fische	Kriechtiere (rezent)	Vögel	Säugetiere	Saurier (fossil)
Luft			 Schwalbe	 Fledermaus	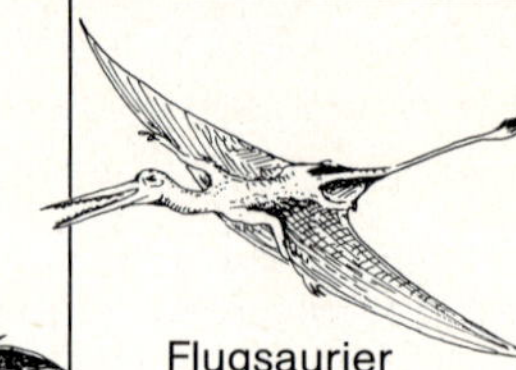 Flugsaurier
Savanne				 Giraffe  Nashorn	 Elefantenfuß-Dinosaurier  Horn-Dinosaurier
Süßwasser		 Krokodil			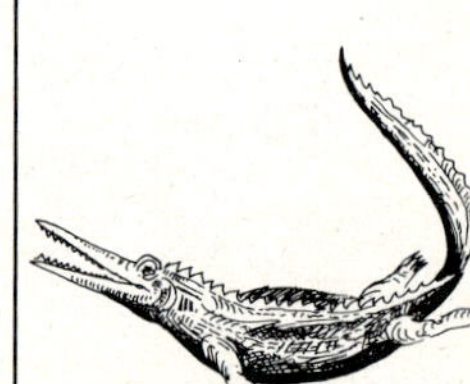 Krokodilsaurier
Meere, Salzwasser	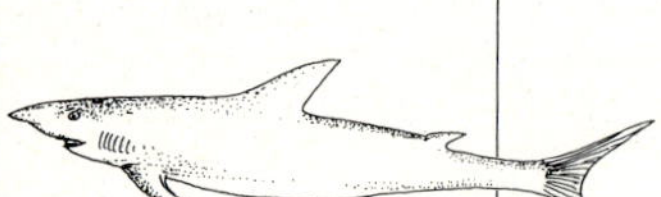 Hai		 Pinguin	 Delphin	 Fischsaurier

ISBN 3-12-030930-3

1. Schneide die abgebildeten Tiere aus und klebe sie nach Tierklassen und Lebensräumen geordnet in die Tabelle ein.

Giraffe

Schwalbe

Pinguin

Horn-Dinosaurier

Fledermaus

Fischsaurier

Elefantenfuß-Dinosaurier

Krokodilsaurier

Nashorn

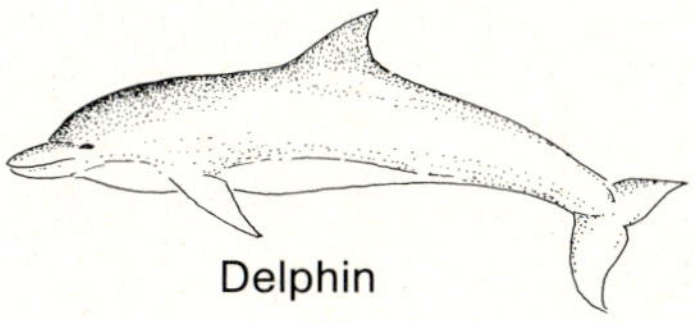
Delphin

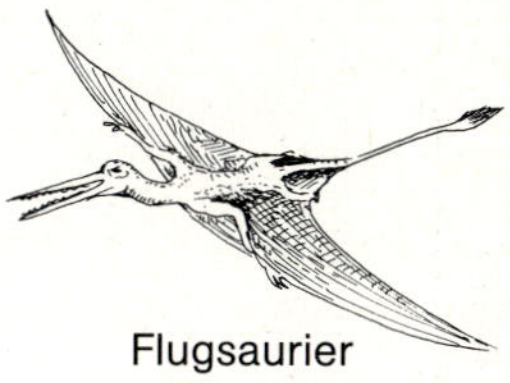
Flugsaurier

Krokodil

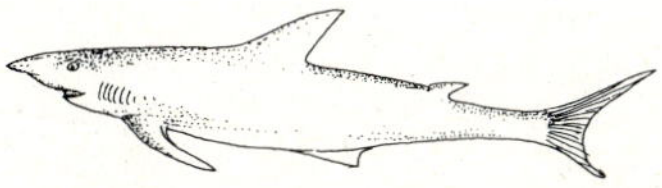
Hai

ISBN 3-12-030930-3

Lebensraum	Fische	Kriechtiere (rezent)	Vögel	Säugetiere	Saurier (fossil)
Luft					
Savanne					
Süßwasser					
Meere, Salzwasser					

ISBN 3-12-030930-3

1. Zähle Organe auf, die in allen Wirbeltier-Bauplänen vorkommen.

Bei allen Wirbeltieren findet man ein knöchernes Skelett mit einem Schädel, ein Blutgefäßsystem und das Herz. Zum Verdauungstrakt gehört bei allen ein Magen, ein Darm und eine Leber. Der Besitz von Nieren, Eierstock und Eileiter mit Trichter ist allen gemeinsam.

2. Die Baupläne der einzelnen Wirbeltier-Klassen unterscheiden sich aber auch. Was ist jeweils typisch für folgende Organe?

	Fische	Lurche	Kriechtiere	Vögel	Säugetiere
Vordergliedmaßen	*Flossen*	*kurze Beine*	*kurze Beine*	*Flügel*	*Beine entsprechend Lebensweise*
Körperbedekkung	*Knochenschuppen*	*drüsige Haut*	*Hornschuppen*	*Federn*	*Haare*
Atmungsorgane	*Kiemen*	*einfache Lunge*	*gekammerte Lunge*	*Lungen und Luftsäcke*	*stark gekammerte Lunge*

3. Welche Merkmale finden sich nur im Bauplan von . . .

Fischen: *Flossen, Kiemen, Schwimmblase, Knochenschuppen*

Lurchen: *Dreikammerherz, feuchte Haut, Entwicklung über Larve*

Kriechtieren: *Hornschuppen, Eier mit pergamentartiger Schale*

Vögeln: *Luftsäcke an der Lunge, Federkleid, Eier mit Kalkschale*

Säugetieren: *Haarkleid, immer lebendgebärend, Brustdrüsen/Säugen*

4. Welche Baumerkmale sind jeweils Anpassungen an bestimmte Lebensräume?

Fische: Form, Flossen, Kiemen — Wasserleben; Lurche: drüsige Haut — Feuchtbiotope; Kriechtiere: Hornschuppen, Eier — trockene Gebiete; Vögel: Federn und Flügel — Luftraum; Säugetiere: gleichwarm — unterschiedliche Lebensräume

ISBN 3-12-030930-3

____

1. Zähle Organe auf, die in allen Wirbeltier-Bauplänen vorkommen.

____

____

____

____

2. Die Baupläne der einzelnen Wirbeltier-Klassen unterscheiden sich aber auch. Was ist jeweils typisch für folgende Organe?

	Fische	Lurche	Kriechtiere	Vögel	Säugetiere
Vordergliedmaßen					
Körperbedekkung					
Atmungsorgane					

3. Welche Merkmale finden sich nur im Bauplan von . . .

Fischen: ______________________________

Lurchen: ______________________________

Kriechtieren: ______________________________

Vögeln: ______________________________

Säugetieren: ______________________________

4. Welche Baumerkmale sind jeweils Anpassungen an bestimmte Lebensräume?

____

____

____

ISBN 3-12-030930-3

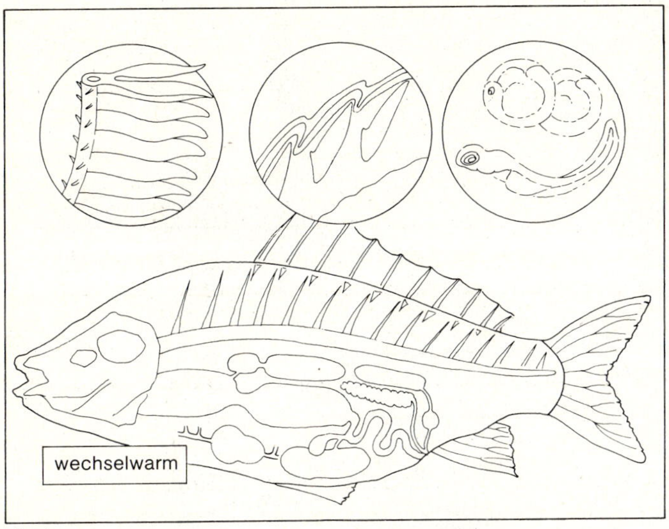

Fisch

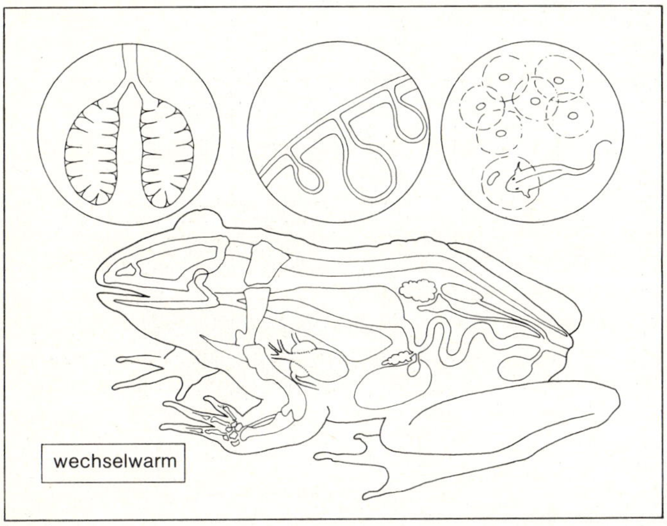

Lurch

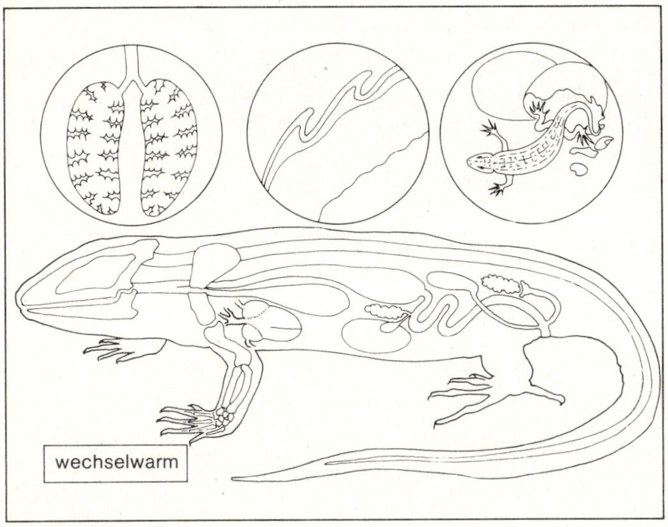

Kriechtier

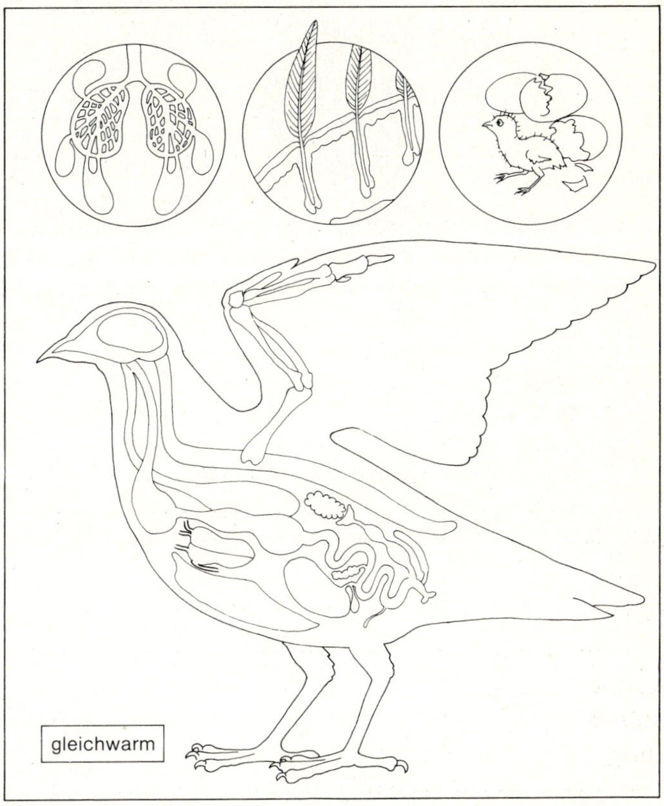

Vogel

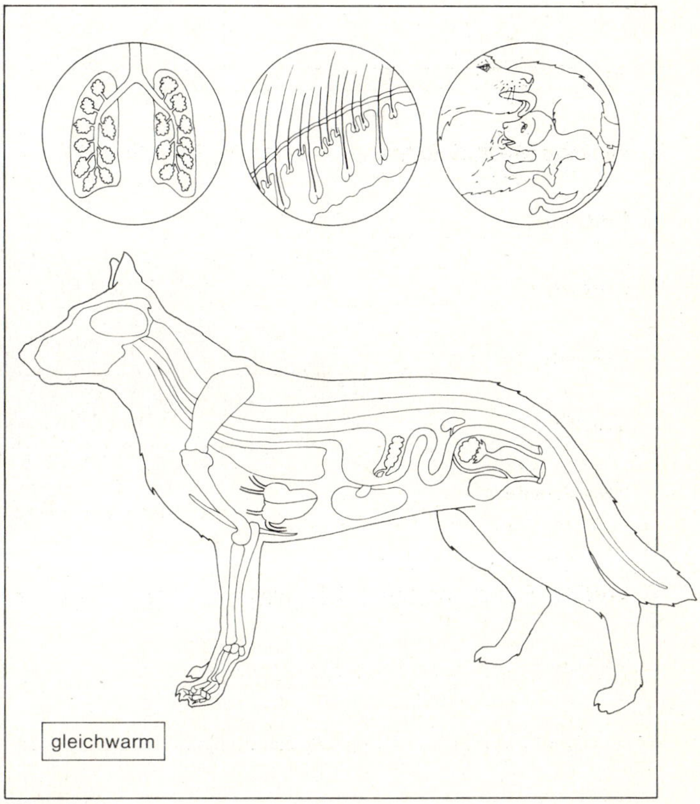

Säugetier

 ISBN 3-12-030930-3

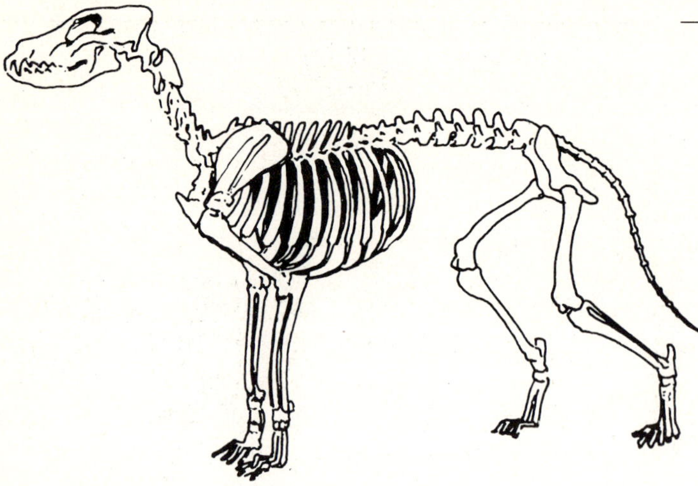

Säugetiere (Hund)

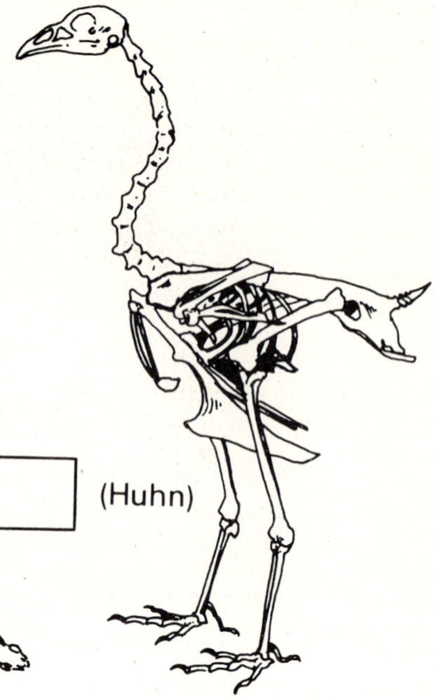

Vögel (Huhn)

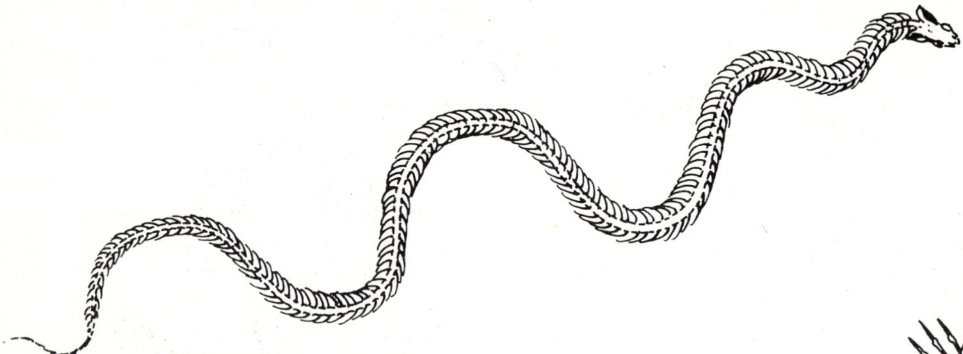

Kriechtiere (Kreuzotter)

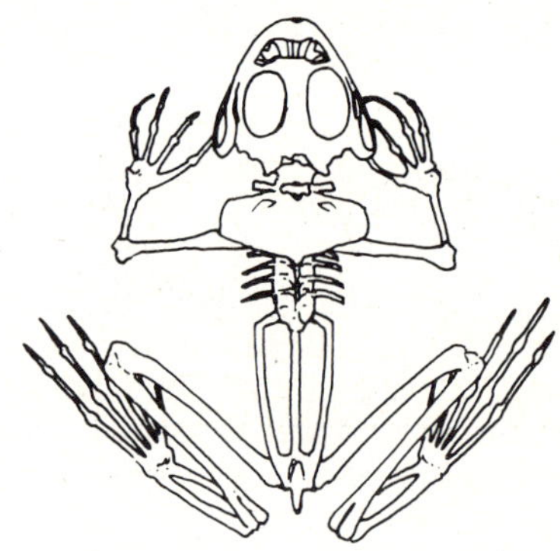

Lurche (Frosch)

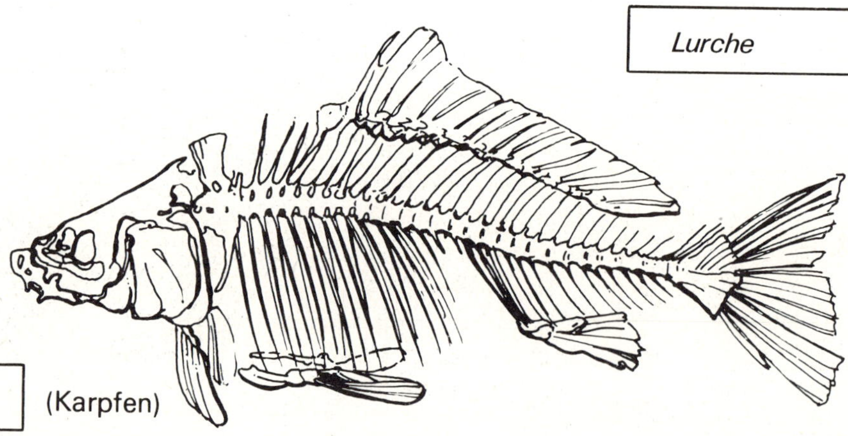

Fische (Karpfen)

1. Betrachte die obenstehenden Abbildungen. Was haben alle Tierskelette gemeinsam?

   Die Wirbelsäule mit dem Schädel

2. Trage in die Kästchen den Namen der jeweiligen Tierklasse ein.

3. Zeichne die Wirbelsäulen rot ein.

ISBN 3-12-030930-3

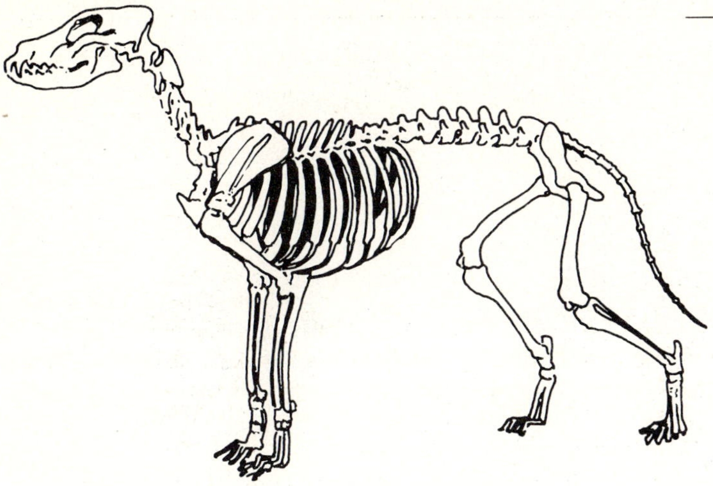

(Hund)

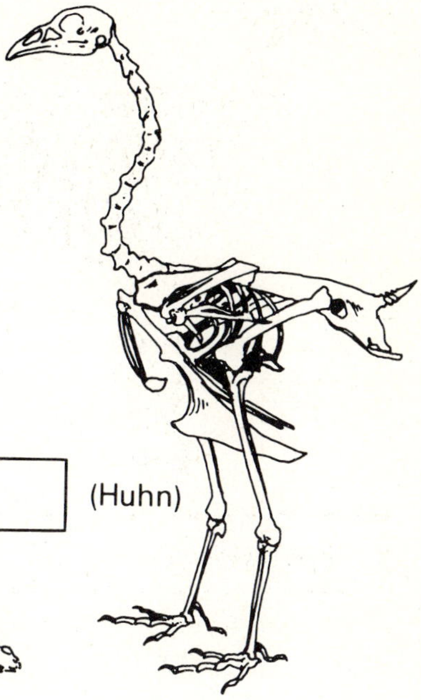

(Huhn)

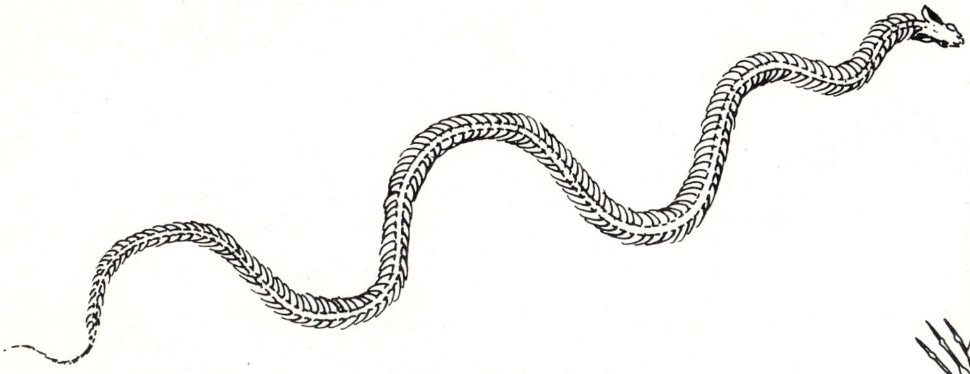

(Kreuzotter)

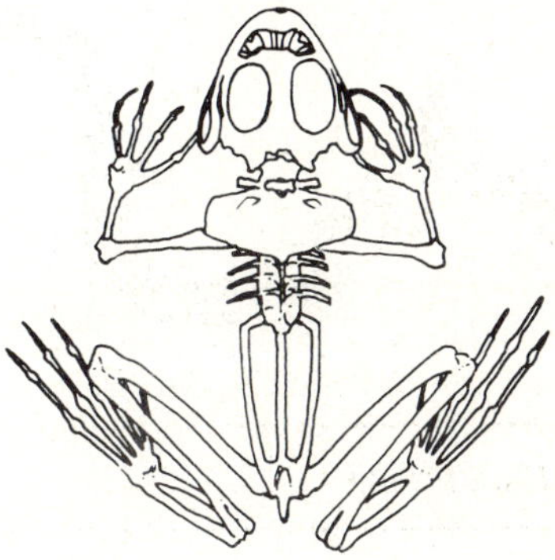

(Frosch)

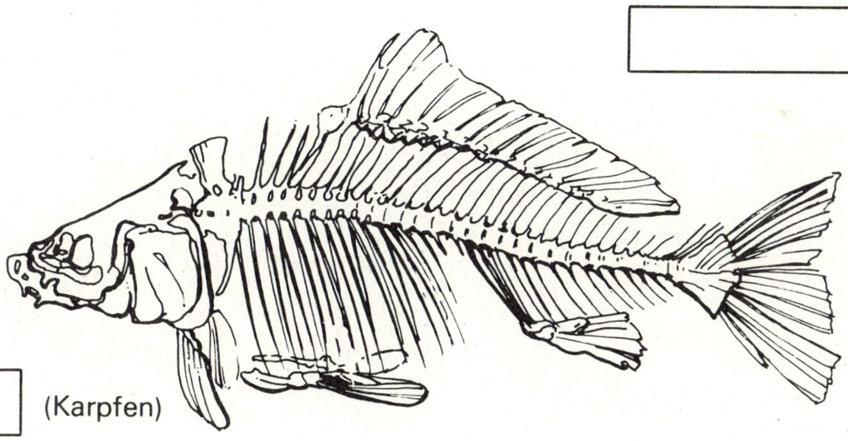

(Karpfen)

1. Betrachte die obenstehenden Abbildungen. Was haben alle Tierskelette gemeinsam?

2. Trage in die Kästchen den Namen der jeweiligen Tierklasse ein.

3. Zeichne die Wirbelsäulen rot ein.

 ISBN 3-12-030930-3

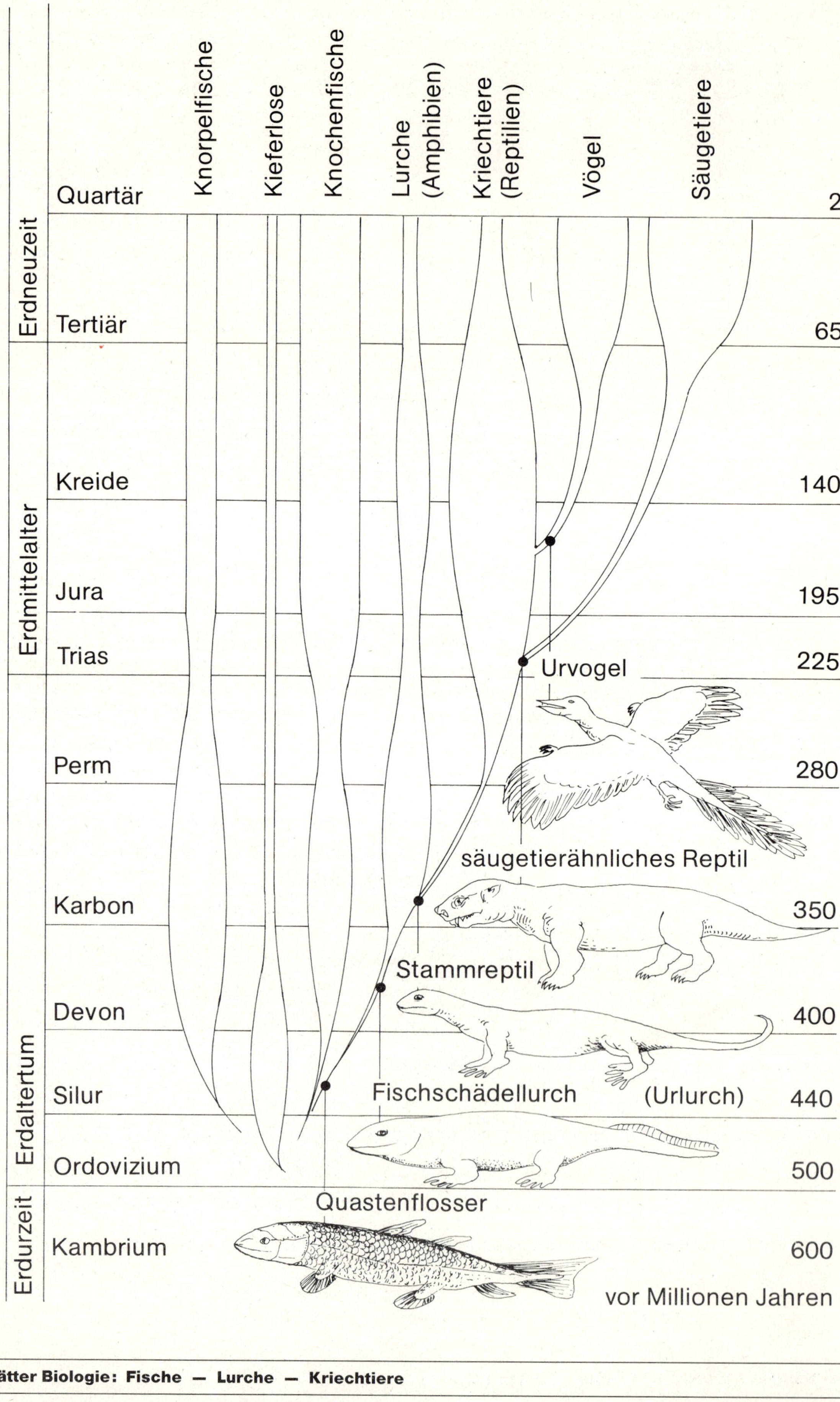

ISBN 3-12-030930-3